꽃파라치

꽃파라치

이행희 수필집

수필과비평사

■ **책을 엮으며**

달지 않은데 단맛이 나고 짜지 않은데 짠맛이 나네.
어떤 영화에서 주인공이 떡을 먹어 보고 하는 대사이다.
그 말을 듣는 심장이 꿈틀하였다.
나도 그래.
나도 달지 않은데 단맛이 나고 짜지 않은데
짠맛이 나는 수필을 쓰고 싶어
하고 심장이 웅얼대었다.
말을 바꾸어보면
미사여구가 없는데 아름답고 가르침이 없는데
깨달음을 주는 글을 쓰고 싶다는 것이다.
소박하면서 누추하지 않고 가벼우면서
진심이 담긴 글을 쓰기가 얼마나 어려운가.
미천한 내 재주와 인격으로 도달하기 어려운 꿈이지만

그래도 꿈을 향해 간다는 것은 좋은 것이고
내가 그 과정에 있다는 것이 기쁘다.
1집에서 '천천히 그리고 찬찬히 계속 정진하겠다.'라고
서문을 마무리했다.
지금도 마찬가지다.
여전히 거북이처럼 느리게 나아가고 있다.
밖에서 보면 늘 제자리인 듯하여 속이 터지겠지만
나는 지극히 만족하고 있다,
나에게는 나만의 속도가 있으므로.
그래서 나는 또다시 같은 말로 서문을 맺는다.
천천히 그리고 찬찬히 계속 정진하겠다.

2024년 가을, 이행희

■ 차례

책을 엮으며_4

1부

미혹迷惑 속에서_12
나와 친구가 되고 싶다_17
꽃파라치_23
가을날_30
구름멍_33
배경_39
돌아오지 않는 강_45
소심_52
김치와 빵_56
짝퉁송頌_61

2부

커피 칸타타_68

행화杏花_74

벤자민 버튼의 시간은 거꾸로 간다_79

꽃에 대해 너무 기대하지 말 것_86

수다와 뒷담화_90

비 내리는 해인사에서_97

어허라 사랑_100

연금술_106

이런저런_109

3부

아버지의 숲_118

어머니_125

물들고 번지며_131

겹_136

모두 꽃이다_141

딸아, 고맙다_144

텅 빈 미술관_150

선생님보다 후생님_158

답_164

울루루_167

4부

화인花印_172

묘박지_178

마켓움_183

봄이다_190

창이 있는 미술관_194

뮤지엄 산_201

가덕도_204

부산의 근대건축물_207

비 온 후_210

이바구길_215

1부

미혹迷惑 속에서
나와 친구가 되고 싶다
꽃파라치
가을날
구름멍
배경
돌아오지 않는 강
소심
김치와 빵
짝퉁송頌

미혹迷惑 속에서

 산을 오른다. 주위가 온통 안개 속에 잠겼다. 바로 코앞에 있는 나무만 어슴푸레 윤곽이 드러날 뿐 마냥 부옇다. 신선이 노니는 모습을 속인들에게 보여주고 싶지 않아 안개를 피워 올렸을까. 비슬산이라는 산 이름이, 정상의 바위가 신선이 거문고를 타는 형상이라 지어졌다니 한 번 해보는 상상이다. 진달래꽃이 한창인 요즘, 신선들도 삼삼오오 즐기러 왔을 법하지 않은가.

가파른 길을 한참 올라가니 산꼭대기에 절이 있다. 4월이 피워낸 고운 새순들과 바위 절벽의 사이로 난 좁은 길을 천천히 걸어 들어간다. 저 멀리 앞으로 튀어나온 아스라한 벼랑 끝에 거무스레한 형체 하나가 둥실 떠 있다. 길쭉한 모양이 사람 같기도 하고 돌덩어리 같기도 하다. 깊은 안개 바다를 헤치고 나아가니 점차 모습을 드러낸다.

삼층석탑이다. 원래 있던 넓고 편편한 암반을 기단 삼아 올려놓았다. 기단이 천연 암반이라 그런지 사람이 만든 것이 아니라 마치 아래 바위에서 절로 석탑이 생겨 올라 온 듯 보인다. 모든 장식을 생략하고 탑의 기본 형상만 갖추었다. 단순한 네모 몸통에 네 귀만 겨우 갖춘 지붕을 덮어 3층을 만들었다. 끝이 닳고 깨어져 나가 어설프기만 하다. 긴 세월 살아온 내 모습이다. 먼지 뒤집어쓰며 하염없이 걸어와 이제 좀 쉬어볼까 했더니, 발 앞이 천 길 낭떠러지다.

저 보잘것없는 몸으로 허위허위 올라오느라 얼마나 힘들었을까. 저 자리에 서 버릴 수밖에 없었던 사연은 무엇일까.

발아래가 안개 바다에 잠겨있다. 날이 좋았으면 펼쳐진 전경을 한눈에 바라볼 수 있을 텐데, 잠시 생각하다가 곧 머리를 흔든다. 눈 번연히 뜨고 세상 살아오며 내가 제대로 본 게 얼마나 있었던가. 아쉬울 것 하나 없다. 눈이 있어 무에 그리 제대로 보랴. 날이 맑은들 내 마음이 흐린데 어떻게 온전한 세상을 볼 수 있으랴. 눈 동그랗게 뜨고서, 못 보고 놓친 것이 얼마나 많던가. 나라는 그릇의 깊이와 넓이만큼 볼 수 있을 뿐. 보고 싶은 것을 아는 만큼만 보는 것이 인간이다. 흔히 된장인지 똥인지 찍어 먹어봐야 아냐고 하지만, 색깔에 눈이 팔려 냄새는 맡아보지도 않아 낭패를 본 적이 한두 번이었던가.

지금만이 나의 것. 현재를 충만하게 느끼는 것이 지금을 사는 것. 바로 이 시간에만 볼 수 있는 공간의 모습에 온전히 집중한다. 오리무중 인생길을 거닐어 보자.

기암괴석 옆 돌계단을 오르니 평평하고 넓은 진달래 군락지가 나타났다. 사방천지 짙은 안개가 흐릿한 배경이 되어 꿈속 같았다. 욕심내지 않고 바로 눈앞 풍경만 보았다. 곱게 피어있는 분홍 꽃이 아름다웠고 꽃 진 자리에 돋아난 새잎이 싱그러웠다. 진달래가 가실 때쯤 피어나는 연달래가 드문드문 화사했다. 먼 데서 온 바람이 연두색 아기 고사리와 놀아주고 있었다.

이것이 옳아 저것은 틀렸어 하며 핏대 올렸던 나날들. 과연 옳고 과연 틀렸던가. 내 마음이 어릴수록 내 인격이 부족할수록 더욱 주장하고 고집부렸다.

가려야 보이는 것이 있다. 태양은 구름이 살짝 앞을 가릴 때 둥근 모양을 나타낸다. 미망 속에서 더듬어 내리는 어림 짐작을 참으로 믿는 맹인이 우리네 사는 진면모인 것을. 비슬산 산신이 제대로 삶의 모습을 깨우쳐 준다.

위로 위로
당신 향해 오르다
주저앉은 흙덩이

산이 되었습니다

　　못다 한 마음
　　정수리 뚫고 나와
　　바위 되었습니다

　　이제사 삭은 마음
　　진달래로 피어나
　　스치는 훈풍에 몸을 맡깁니다

- 졸작 〈산정山頂〉

 안개 자욱한 대견사가 설說한다. 너희는 오리무중 깊은 미혹迷惑 속에서, 미혹을 통하여 대견大見하리라.

나와 친구가 되고 싶다

내 평가 대상의 1열에는 바로 내가 있다. 나 스스로가 자기학대와 비난의 선봉장이다. 원래 평가란 자신을 보호하기 위해 타인에게 행사하는 도구이다. 상대가 나보다 셀까 약할까 나에게 도움이 될까 위해가 될까 등을 빨리 판단하여 어떤 행동을 할지 결정하기 위해 필요한 것이 평가이다. 나를 위해 써야 할 도구를 오히려 거꾸로 사용하여 나를 겨누었다. 누구보다 나 자신이 스스로를 혐오하고 자책하여 무례하고 모질게 굴었다. 보호해야 할 스스로를 적으로 판단하여 공격하였다. 정신적 류머티즘을 앓는 셈이다.

　외출하고 온 날은 자주 마음이 편치 않다. 잡다한 생각으로 마음이 어지럽다. 내가 말을 잘못하여 오해받지나 않았을까. 이렇게 말했어야 했는데 저렇게 말해버렸네. 그때 그 행동을 말았어야 했는데, 어떡하나. 잠자리에 누우면 낮에 있었던 사소한 일들에 괴로워하며 잠을 이루지 못한다. 약한 바람이 살짝 일어도 출렁이고, 수평에서 조금만 틀어져도 민감하게 움직이는 물 같다. 주로 집에 머무르는 시간이 많다 보니 세상 돌아가는 이치에 서툴러 실수를 할 때가 더러 있다. 이럴 때 상대를 탓하기보다 내 탓으로 돌리는 편이다.

　그렇다고 나만을 비난하는 것도 아니다. 상대의 행동에 마음이 불편해지거나 짜증이 날 때가 많다. 얘는 욕심이 너무 많아. 이 사람은 왜 이렇게 성질을 잘 부리지. 쟤는 진짜 경박해. 이런저런 판단을 내리고는 사람들에게 염증을 낸다. 생각해 보면 나도 욕심이 많고 성질내고 경박한데 말이다. 어떤 행동을 내가 하면 그럴 수밖에 없었어라며 필연성을 부여하고 남이 하면 사람이 그럴 수가 하며 열 올려 비판하는 내로남불이 바로 나다. 지금은 이런 내 모습을 어렴풋이 자각이라도 하고 있지만, 예전에는 내가 이런 이중성이 있다는 것조차 몰랐다.

> 우리가 태어나서 죽을 때까지 맺는 온갖 관계 중에서 단 하나만이 진정으로 평생 이어집니다. 바로 우리 자신과 맺는 관계입니다. 그 관계가 연민과 온정을 바탕으로 이루어지고, 사소한 실수는 용서하고 털어버릴 수 있는 관계라면 어떨까요? 자기 자신을 다정하고 온화한 시선으로 바라보고 단점에 대해 웃어버릴 수 있다면 어떨까요?
>   - 비욘 나티코 린데블라드의 ≪내가 틀릴 수도 있습니다≫ 중에서

세상의 모든 존재는 존재 자체로 귀하다고 한다. 우주 만물이 이유가 있어 그 자리에 존재하는 것처럼 내가 이 자리에

있는 것도 그만한 이유가 있는 것이다. 많이 부족한 나이지만 나조차 나를 받아들이지 않는다면 누가 나를 받아들이겠는가. 지금껏 지난한 세월을 버텨온 나 자신과 '연민과 온정을 바탕으로 사소한 실수는 용서하고 털어버릴 수 있는 관계'가 되어보는 것도 좋지 않을까.

그것이 주변인들과도 더 나은 관계를 맺게 되는 방법일 것이다. 나 자신을 안아줄 수 있으면 타인에게도 관대해지지 않을까. 나와 친구가 된다는 것은 이 세상과 친구가 된다는 것, 이 세상을 받아들이는 것에 다름 아니다. 자신을 품지 못하는 사람은 남도 품지 못하는 법이다. 타인을 끌어안기 위해 나 자신을 먼저 끌어안아 보자.

퉁을 치자. 나의 부족함도 상대의 부족함도 받아들이는 것이다. 인간의 불완전성을 인정하자. 누구나 모자라고 실수한다. 각자의 불완전 덕분에 다 다르고, 다름으로 인해 개개인 모두 독특하고 개성 있는 존재가 된다. 생존을 위한 본능을 장착하고 이 세상에 태어난 생명들이 본능대로 행동하는 것이 당연하지 않은가.

'나 자신에게 다정하고 온화한 시선을 보내고 단점에 대해 웃어버릴 수 있다.'는 것은 내 안에 있는 온전하고 순수한 무엇을 믿는다는 것이다. 자신에게 믿음과 격려의 미소를 보내면 그 믿음에 보답하듯 내 속에서 단점과 직면하여 해결할 용기가 솟는다. 내 단점과 결별할 수 있는 해결 방안을 찾아내어 실행할 용기 말이다. 어쩔 수 없이 받아들여야만 하는 단점이라면 적극적으로 수용하여 그 단점과 함께 공존할 수 있는 용기를 내게 된다.

온갖 깨달음이 늦은 것이 나이다. 진즉 알았어야 할 것을 이제야 알았다. 나에게 맞게 진도가 나가는 중이겠거니 여기자. 각자의 때는 다 다른 법이다. "당신이 알아야 할 때 알아야 할 것을 알게 될 것입니다."란 구루의 말씀을 믿어 보자. 이런 나 자신을 알고, 다른 이들과 공감할 수 있어야겠다. 이해되지 않는 세상사도 받아들이며 품으려 노력해 보자.

따뜻한 엄마나 무조건 편들어주는 할머니같이 어릴 때 확

실한 지지자가 있었던 이는 자신을 품어주는 경험, 사랑받은 경험이 있어서 그를 바탕으로 스스로를 인정하고, 타인도 사랑하고 받아들일 수 있다고 한다.

목청 큰 어머니 밑에 자라서였을까. 어릴 때부터 고아이기라도 한 듯 늘 춥고 외로웠다. 칼바람을 온몸으로 맞고 있는 겨울나무를 보며 나와 동일시했다. 못 생기고 뭐 하나 잘하는 것 없다고 생각하여 주눅이 들었다. 분명히 사랑받고 있었는데 나는 사랑받고 있다고 느끼질 못했다. 이제라도 두 팔을 들어 스스로 다정하고 온화하게 품어주자.

하늘도 예쁘고/ 달도 예쁜데/ 너는 오죽할까

- 조성용의 〈달〉 전문

스스로에게 가만히 말해준다. 하늘처럼 달처럼 너도 예쁘다. 새해에는 나 자신과 좋은 친구가 되고 싶다.

꽃파라치

 아침 햇살이 눈부시다. 탄력 있는 4월의 햇살 아래 제라늄 붉은 꽃잎이 탱글탱글하게 살아난다. 밝은 부분은 한결 투명해지고 그늘 부분은 한층 짙고 어두워져 극적 대비가 돋보인다. 역광의 조화다.

 역광에서는 사진을 찍지 말아야 한다는 것이 상식이다. 화면에 빛이 폭포처럼 쏟아져 들어와 제대로 상像이 맺히지 않는다. 그러나 꽃을 촬영할 때 역광을 잘 이용하면 효과가 배로 는다. 쏟아지는 빛을 적당히 차단하기 위해 렌즈를 꽃 위쪽에서 아래쪽으로 향하여 찍으면 꽃잎을 투과한 빛줄기로 인해 꽃잎의 맥까지 선명하게 찍힌다. 깊은 그림자를 배경으로 붉은 꽃잎의 결이 환하고 투명하게 마치 만져질 것처럼 야들야들하다.

영춘화와 매화, 산수유가 한창인 이른 봄이다. 우리 집 베란다에 한겨울 추위에서 막 벗어난 제라늄들이 탐스럽게 피어났다. 빨강, 하양, 주황, 연분홍, 진분홍…. 송이송이 색이 다른 제라늄을 찍는다. 선반에 놓여 있는 채로 찍고, 이쪽저쪽으로 움직이며 각도를 바꾸어서도 찍는다. 까치발을 들고서 혹은 쭈그려 앉아서도 찍는다. 가장 아름다운 자태를 뽑아내고 싶으므로 끊임없이 셔터를 누른다. 대상 인물을 쫓아다니며 끝없이 촬영하는 파파라치나 마찬가지다. 다만 사람이 아니라 꽃을 찍어대니 '꽃파파라치'라고 부르는 것이 낫겠다.

파파라치란 이탈리아어로 파리처럼 윙윙거리며 달려드는 벌레를 뜻한다. 이 단어는 칸국제영화제 황금종려상을 수상

한 영화 〈달콤한 인생〉에 등장하는 신문사 카메라 기자 파파라초에서 비롯되었다. 영화 속에서 그는 부자들의 스캔들을 좇아 닥치는 대로 셔터를 눌러 보도하였다. 이후 파파라치는 연예인, 부호, 정치인 등 유명인의 스캔들이나 프라이버시를 드러내는 사진을 노리는 질 나쁜 사진사를 지칭하게 되었다.

우리나라의 경우 파파라치란 단어가 위의 뜻뿐만 아니라 일반인의 범법 행위 장면을 찍어 정부 보상금을 타내는 전문 신고꾼이라는 의미로도 통한다. 교통 위반 차량을 몰래 촬영하는 카car파파라치, 학원 불법영업을 찍는 학파라치, 쓰레기 불법투기를 잡는 쓰파라치 등이 그것이다.

어느 모로 보나 가까이하고 싶지 않은 불순한 의도를 지닌 사람이 파파라치다. 그러나 불순함을 빼고 보면 파파라치는 상대의 숨겨져 있는 진실을 찾아 드러내고 알리는 사람일 뿐이다. 꽃의 숨어 있는 아름다움을 찾아 드러내고 싶어하는 나는 이런 의미에서 또 하나의 파파라치다. 파파라치의 진화랄까, 승화랄까.

컴퓨터에 저장된 사진들 중 가장 많은 자리를 차지하는 것이 꽃이다. 비슷비슷한 형태가 나열돼있다. 직접 사진을 찍은 나도 차이점을 잘 발견하지 못할 정도로 유사한 사진들이 끝이 없다. 내가 말하는 꽃이란, 꽃 자체라기보다 온갖 식물들을 통칭한다. 꽃이 지금 피어 있지 않아도 모든 식물이 꽃이다. 전에 피어 있었고 언젠가 필 것이란 희망이 있으므로 모든 식물은 꽃이다. 나를 환하게 해 주는 것은 모두 꽃이다.

 베란다에 있는 식물들을 꼬물꼬물한 작은 싹에서부터 어른으로 자랄 때까지 수시로 찍었다. 옛 사진과 현재 사진을 비교해 본다. 참 예쁘게 잘 컸다며 감동하기도 하고 이렇게 변화가 없냐며 아쉬워하기도 한다. 가끔 단체 카톡방에 잘 나온 사진을 한두 장 올리기도 한다. 오늘은 두 장의 제라늄 사진을 올려 봄소식을 전했다. 먼저 색색의 제라늄들을 다 모아 찍은 전체 샷 한 장, 다른 하나는 붉은 제라늄 근접 샷 한 장이다. 보는 이가 식상할 수 있으므로 너무 자주, 너무 많은 사진을 올리지 않도록 주의하여 계절이 바뀔 때나 특별히 잘 나온 사진이 있을 때만 올린다.

 베란다 정원 한구석에 둔 낡은 의자에 앉는다. 꽃을 바라보며 따뜻한 차를 마신다. 문득 한 생각이 떠오른다.
 '사람이 저 꽃처럼 보이면 지금 내 자리가 꽃자리가 될 터인데.'[1]
 누군가 그랬다. "타인의 장점을 깨닫는 것이 재능이라면 타인의 좋지 않은 점을 깨닫는 것은 우리 모두에게 주어진 본능이다."라고. 나는 이 본능에 꽤나 충실했다. 타인에게서 좋은 점보다 좋지 않은 점을 많이 보고 낮은 점수를 매기곤 했다. 세상사에 지혜롭지 못하고 인격이 부족한 나에게 사람을 꽃으로 보는 것은 쉽지 않은 일이었다.
 그런데 얼마 전부터 작은 변화가 생겼다. 타인의 장점을 보려고 부단히 노력하다 보니 더러 사람이 꽃으로 보이기 시작

---

[1] 구상 시인의 '꽃자리' 참조. '네가 시방 가시방석처럼 여기는/ 너의 앉은 그 자리가/ 바로 꽃자리니라'

했다. 나를 아프게 찔러대던 이가 어느 순간 열정적인 빨간 제라늄으로 피어났다. 성가시기만 했던 이가 포근하게 흐드러진 산수유의 모습으로 다가오기도 했다. 그런 순간에는 참으로 못생긴 나 자신 또한 조금은 꽃의 형태를 띠기 시작하는 것처럼 느껴졌다. 신기한 변화였다. 타인을 이해하고 받아들이면서 아직 스스로와 화해하지 못한 나 자신도 조금씩 있는 대로 받아들이게 되는 것 같았다.

시작에 불과하다. 시간이 흐르면 점점 더 많은 이가 꽃으로 화할 것이다. 이렇게 한 명씩 꽃으로 바뀌면 결국은 내 앉은 자리가 꽃자리가 될 터이다. 세상이라는 무미건조한 지도에 꽃 점 하나씩 찍다 보면 언젠가 내 인생의 점묘화가 완성되려나. 쓱 긋는 붓질로 완성하는 그림보다 하나하나 작은 점으로 그림을 채우는 것이 한층 어렵지만 꽃 점을 찍는 나의 노력은 지속될 것이다. 내가 훗날 먼 세상 떠날 때까지도 미완성일 것은 불문가지다.

그래서 더욱 좋다. 평생 할 수 있는 일이 생긴 것 아닌가.

한 명 또 한 명, 사람이 꽃으로 보일 때까지 쫓아다니며 마음으로 사람 꽃을 찍어 저장하는 것, 이것이야말로 진정 '꽃파라치'가 할 일인 듯하다.

가을날

거나하게 한잔들 하셨다
길 양쪽에 늘어선 벚나무들이 살짝 흐트러져 보기가 좋다
발그라니 홍조 띤 놈
벌겋게 타오르는 놈
발밑에 웃옷을 벗어 던진 놈도 있다
오랜만에 즐거운 회식이 있었나 보다

취중진담들을 툭툭 내뱉는다
직설어법이다
검붉은 심장들을 줄줄이 떨어뜨린다
"사느라 힘들었어. 그래도 꽃도 피우고
실한 열매도 맺었어. 이제 가야제"
비틀거리며 구성진 멜로디를 흘린다
"갈 때는 가야지. 돌아보지 마"

햇살 고운 가을날
마치 축제처럼, 나풀나풀 내리는 낙엽
공중을 사뿐사뿐 걸어 내린다.
저 잎은 경공을 배웠을까.
땅에 떨어지는 것이 아니라 내려앉는다.
아름다운 착지다
나비인지 낙엽인지…
고운 색깔과 형체를 그대로 간직한 채

부여잡았던 손이 거센 찬바람에
강제로 쓸려 가는 것이 아니라
스스로 때를 인식하여 받아들이는 지혜
무작정 달라붙는 질척함이 아니라
맘껏 초록이었다가 때를 알아 파란 허공을
사뿐하게 걸어 내린다
환할 때 툭 손을 놓는 동백꽃과 견줄 만하다

산책길에 경공의 최고수를 만났다

구름멍

　올망졸망 크고 작은 칸이 연결된 기차가 달리기 시작한다. 아이를 등에 업은 엄마가 바쁘게 뒤따라간다. 마지막 칸이 서서히 부풀어 오르더니 이무기가 되어 날아오른다. 그 뒤를 멧돼지 한 마리가 쫓아가더니 흩어져 사라진다. 거실 창가에 앉아 하얀 구름이 벌이는 쇼를 보고 있는 중이다. 언뜻 보면 누군가 커다란 솜뭉치를 막대로 뜯어서 던져놓은 듯한 형상인데 가만히 보고 있으면 계속 움직이며 천변만화한다.

여고 시절 우리 학교가 전국체전 매스게임을 맡게 되었다. 매일 운동장에 집합하여 땡볕에서 맹훈련을 하였다. 두 팔과 두 다리를 쭉 뻗고 제 자리에 눕는 자세가 있었다. 등을 땅바닥에 대고 눕자 새로운 세계가 펼쳐졌다. 같은 반 친구들도 선생님도 모두 사라졌다. 파란 세상에 몇몇 하얀 조각들이 둥실 떠 있었고 그 가운데 내가 있었다. 광활한 공간에 나 혼자였다. 구름과 함께 나도 끝없이 흘러갔다. 어리둥절했고 뭔지 몰랐지만 황홀했다. 지도 선생님의 날카로운 호각 소리가 없었다면 나는 그대로 구름 세상 속에 빠져 있었을 것이다.

밴쿠버에 잠시 머물렀을 때다. 아무도 나를 알아보지 못하는 곳에서 나는 바람처럼 자유로웠다. 여기저기 쏘다니다 햇살 좋은 풀밭이 보이면 가방에 넣어 다니던 신문지를 깔아놓고 그 위에 드러누웠다. 특히 바다가 보이는 언덕이 좋았다. 잠시 앉아서 바다에 눈길을 주다가 지치면 드러누워 하늘을 바라보았다. 따뜻한 햇볕을 쬐며 하늘에서 노니는 구름을 하염없이 바라보는 재미. 온갖 시름이 사라지며 마음이 한없이 부드럽고 가벼워졌다.

  누구보다 구름을 사랑했던 헤르만 헤세는 〈한 점 구름〉이라는 그의 시에서 이렇게 읊었다.

> 파란 하늘에
> 가늘고 하얀
> 보드랍고 가벼운 구름이 흐른다
> 눈을 드리우고 느껴 보아라
> 하얗게 서늘한 저 구름이
> 너의 푸른 꿈속을 지나는 것을

  구름을 보다 보면 시인처럼 나도 어느새 꿈결이 된다. 장자몽이 아니더라도 꿈속인지 현실인지 헷갈린다.

  어떤 이는 원숭이가 구름을 타고 쌩쌩 날아다닌다는 상상을 했다. 원하는 곳으로 구름이 순식간에 이동하며 구름 위에서 적과 싸우기도 한다. 또 어떤 이는 구름 위에서 낚싯대를 내려 별을 낚는 상상을 하기도 했다. 나는 구름을 조종해서 몰고 다닌다든지 낚시를 해서 뭔가 잡고 싶은 마음이 전혀 없다. 그냥 구름 위에 턱을 괴고 엎드려 한가하게 세상 구경을 하고 싶다. 게으르게 드러누워서 구름이 안내하는 대로 소리 없이 눈만 굴리고 싶을 뿐이다.

산을 오르다 구름 속에 든 적이 있다. 하얀 물 알갱이들로 지척을 분간하기 어려운데 온몸이 서늘하게 젖어 들었다. 구름 덩어리가 다가와서 나를 관통하는 모습이 다 보였다. 구름 입자 하나하나의 이동이 내 온몸으로 확인되는 신비한 시간이었다. 금지된 신성한 장소에 침범이라도 한 듯 어쩐지 경건해지는 경험이었다.

우리는 하늘 아래 살고 있다고 생각하고 그렇게들 말한다. 그러나 기실은 하늘 속에 살고 있다. 거대한 대기의 바다 안에서 숨 쉬며 살고 있다. 흐르는 구름을 배경 삼아 산사의 처마 밑에서 흔들리는 물고기 풍경을 떠올려보라. 대기의 바다에서 헤엄치며 바람의 물결에 무심하게 울리는 풍경. "부질없다, 부질없다." 하고 일러주는 듯하지 않은가. 인간은 스치는 바람에 사라지는 한 조각 구름인 것을. 번뇌에 시달리는 무지한 중생을 일깨우기에 이만한 것이 또 있겠는가.

"우리는 구름이 부당한 대우를 받고 있으며 구름이 없다면 우리 삶도 한없이 초라해지리라고 믿는다."는 성명서를 선포한 모임이 있다. 사람들이 태양과 푸른 하늘만 찬양하는 것에 반기를 든 것이다. 이름하여 구름감상협회Cloud Appreciation Society. 회원에게는 매일 지구 전역에서 촬영한 구름 사진이 한 장씩 배달된다니 이 아니 매혹적인가. 전 세계에서 구름같이 회원들이 모여들었다니 나도 한 번 가입해볼까 싶기도 하다.

멍 중에는 구름멍이 제일일 것이다. 요즘 젊은이들이 캠핑가서 즐긴다는 불멍은, 캠프파이어의 일렁임이 그럴 듯하지만 그 빛 때문에 눈이 아프고, 농염하게 늘어진 능소화가 아름다운 요즘 꽃멍도 즐길 만하지만 계속 보고 있기에는 어쩐지 지친다. 멍하니 보고 있기에는 구름만 한 것이 없다. 서서히 혹은 빠르게 흘러가며 변화무쌍하게 움직이는 구름에 견줄 것이 어디 있으랴.

코로나19 사태에 갇혀 지내는 요즘 구름멍에 한 번 빠져 볼까. 거실 창을 통해 얼마든지 구름은 감상할 수 있으니까. 시원한 마룻바닥에 벌렁 드러누워 바라보면 더할 나위 없이 좋으리.

배경

 소설을 한 편 읽었다. 여주인공의 할머니가 돌아가셨다. 평생 한자리에서 음식점을 하던 할머니가 돌아가셨을 때 할아버지들이 검은 양복을 입고 줄줄이 나타났다. 젊었을 때 할머니가 만든 음식을 사 먹고 때로 의논 거리를 들고 오기도 했던 분들이었다. 그리고 가게에서 데이트를 했던 이야기, 실연하고서 가게를 찾아와 할머니가 만든 새우튀김을 먹었다는 추억담 등, 이런저런 얘기를 풀어놓고는 돌아갔다. "그렇게 타인의 인생에 진정한 의미의 '배경'이 된다는 게 얼마나 굉장한 일인지" 주인공은 감동하고 말았다. 그리고는 지금은 부모님이 경영하고 있는 식당을 물려받기로 마음을 굳혔다.

'배경'이란 단어가 아름답게 다가왔다. 뒤 背(배)에 경치 景(경) 자가 합해져, 뒤쪽의 경치라는 뜻을 나타낸다. 자신을 절제하여 주인공을 드러내어 주는 역할을 하는 것이 배경이다. 자신은 뒤로 물러나 주고 타인을 앞세운다. 그림에 있어 좋은 배경은 주인공을 살려 주고, 적절한 배경은 작품의 주제를 나타내는데 필수다.

좋은 배경이 되려면 실력과 내공이 받쳐주어야 한다. 위 소설에서 할머니는 평생 한곳에서 음식점을 했다. 우리나라 외식업체의 경우 창업 후 5년 내에 문을 닫는 곳이 80%라고 한다. 오래 한자리를 고수했던 것은 주위 다른 업체들과의 경쟁에서 성실과 노력으로 이겨내었다는 뜻이다.

할머니가 운영했던 식당은 동네에서 유명했다. 맛이 한결같아 꽤나 단골이 많았다. 그 맛을 유지하려 할머니가 얼마나 애를 썼을지 짐작이 간다. 할머니가 만든 음식은 충분히 맛있되 지나치지 않았을 듯하다. 완벽한 성형 미인이 아니라 한 군데 부족한 자연 미인처럼. 냄새만은 최고였으리라. 코가 아니라 가슴에 스며드는 냄새였을 것이다. 코에 스치기만 해도 절로 편해지고 끌리는 그런 냄새 말이다.

애인과 헤어진 후 할머니의 가게를 찾아갈 생각이 날 만큼 할머니의 성품도 따뜻하고 포근했을 것이다. 진정한 배경이란 가만히 있는 것이 아니라 서로 끊임없이 소통하며 관계를 맺는다.

우리는 살아가며 서로에게 배경이 되어준다. 결혼식에서 새 출발하는 신랑신부를 축하해준다. 시상식에서 빛나는 수상자에게 박수를 쳐준다. 진심으로 축하하며 배경이 되어주면 언젠가 내가 축하받을 일이 생기기도 한다. 그렇게 때에 따라 주인공이 되기도 하고 배경이 되기도 하며, 서로가 서로에게 배경이 되어준다.

배경이 되어야 할 곳에 가서 주인공이 되려 하면 안 된다.

그림이 어긋난다. 행사가 시끄럽고 사진이 뒤틀린다. 들러리와 하객은 신부보다 수수하고 덜 빛나야 한다. 박수쳐주러 가서 내가 박수받으려 하지 말아야 한다.

   영화에서 배경은 영화의 주제를 선명하게 나타내는 데에 결정적 역할을 한다. 배경 장소를 물색하는 로케이션 감독이 따로 있을 정도로 중요하다. 영화 한 편을 찍기 위해 방방곡곡, 나아가 전 세계를 돌아다니며 장소를 탐색한다. 장소가 결정되면 알맞은 계절과 날씨를 찾아 또 기다린다.

   음악은 영화의 중요한 배경이다. 알맞은 음악은 영화의 분위기를 살려 관객으로 하여금 몰입하게 하는 데에 큰 역할을 한다. 남녀 두 주인공이 극적으로 만나는 장면에서 음악을 소거하고 본 적이 있다. 그렇게 민숭민숭할 수가 없었다.

   영화 속 조연도 어떤 의미에서 주연의 배경이다. 주인공에게 의미를 부여하고 더욱 캐릭터를 살려 주는 역할이다. 신구라는 배우가 있다. 젊어서 의사를 부러워했다. 의사가 되지 못해서 잡은 직업이 배우였다. 배우가 되었으나 주인공 역할이 오지 않아 만년 조연배우로 눌러앉았다. 지속되는 조연에도 실망하지 않고 실력을 차곡차곡 쌓았다. 주역을 더욱 빛나게 하는 온갖 조역을 제대로 해내기 위해 스스로를 갈고 닦았다. 다양한 인생 경험이 더해져 연기는 더욱 깊어져 갔다. 실력을 인정받아 대부분의 주연 배우들이 물러나는 중년에 주인공을 맡기도 했다. 이제 주인공들이 모시고 배우는 실력파 선생님이 되었다. 실력 있는 조연이 얼마나 영화를 살려주는지 알기 때문이다. 할아버지가 된 신구 선생님은 이 직업에 만족하며 감사한다. 모든 친구들이 은퇴한 지금도 끊이지 않고 배역이 들어온다. 누구도 부럽잖다.

참 좋은 낱말, '배경'이 오용되어 제 의미를 상실한 요즘이다. 주위에서 흔히 들리는 '든든한 배경을 믿고', '배경을 등에 업고'에서의 배경이 그것이다. 소위 '갑질'이란 것도 이런 배경에서 나오는 것이겠다. 배경이 뒤에 있어야 한다는 본분을 잊고 앞으로 나올 때 이런 부작용이 생긴다.

뒤에 조용히 깔려 있어야 할 배경이 앞으로 튀어나올 때,

절제하여 숨어 있어야 할 것이 주인공 앞으로 얼굴을 나타낼 때, 힘을 빼고 있어야 할 것이 힘을 줄 때, 그래서 잘못 사용된 배경을, 우리는 '빽'이라고 일컫는다. 빽은 배경을 뜻하는 background(백그라운드)를 줄여서 쓰는 단어로, 사실은 된소리 빽이 아니라 부드럽기만 한 백이 아니던가.

부모는 아이의 좋은 배경이 되어주어야 한다. 등에 업을 빽이 아니라, 진정한 의미의 배경 말이다. 지켜주고, 숨어 있던 장점을 키워주고, 믿어주고, 기다려주어야 한다.

나는 과연 내 아이들에게 어떤 배경이었을까. 마음에 깊은 수련이 없었으니 좋은 배경이 되어주기에는 자질이 많이 부족했다. 그나마 다행이랄까. 나에게 자랑할 만한 부나 명예가 없으니 어차피 '빽'은 되고 싶어도 될 수가 없었다.

내 아이들이 그들의 아이들에게 나보다 나은 진정한 의미의 배경이 되어주기를 희망할 따름이다.

돌아오지 않는 강
- 이중섭 전시회를 보고

친구야, 펑펑 눈이 오는 오두막집 창틀에 한 소년이 두 팔을 얹고 하염없이 밖을 보고 있다. 저 멀리 광주리를 인 여인의 발이 오두막으로 향하고 있다. 아마 소년의 엄마가 외출했다가 늦어져서 집으로 부리나케 돌아오는 중인 듯하다.

내가 지금 어디에 있는지 짐작이 되지. 네 짐작대로 이중섭 전시회에 와 있어. 그리고 작품 '돌아오지 않는 강' 앞에 서 있다. 네가 소장한 이중섭 그림을 전시회 측에 빌려줬다는 말을 들어서 말이야. 은근히 계속 찾았지. 그런데 모든 작품을 다 감상하고 나오려는 가장 마지막, 출구 바로 옆에 붙어 있더구나.

몇 달 전, 너네 집 복도에 붙어 있는 그 그림을 처음 보았다. 우선 사이즈가 노트보다도 작은 데다, 그림의 느낌도 내가 기대했던 이중섭과 너무 달랐어. 내가 알고 있던 이중섭의 작품은 소와 아이들이 자연에서 천진하게 노는 역동적이고 컬러풀한 그림들이었어. 그런데 그와 반대로 너무나 정적이고 거의 흑과 백 두 색깔뿐이었지. 많은 이중섭 그림 중 왜 이런 그림을 구입했을까 하고 가만히 생각했어.

그림에 얽힌 사연을 알게 된 지금은 느낌이 많이 다르구나. 가슴이 먹먹하고 이런저런 생각에 마음이 착잡해진다. 6·25 전쟁 후 생활이 어려워 부인과 아이들을 처가가 있는 일본으로 보낸 이중섭은 그 이후 가족을 돌아오게 하기 위해 경제적으로 자립하는 데에 모든 힘을 쏟았지. 혼신의 힘을 쏟아 그림을 그려 자금을 마련하려 했으나 자신의 생활비도 쪼들

렸어. 희망을 잃고 좌절한 화가가 온갖 피해망상과 거식증에 시달리며 그린 그림이지. 이 그림을 그린 바로 그해, 나이 마흔에 몸과 마음이 만신창이가 되어 화가는 먼 길을 떠났다니, 어쩌면 이 작품은 그림으로 쓴 그의 유서일지도 모르겠다.

영화 '돌아오지 않는 강'을 보고 난 뒤 그 제목이 좋다면서 이중섭은 자꾸 영화 제목을 되뇌었대. 영화 속에서 여주인공 마릴린 먼로가 뗏목을 타고 내려가며 강 이름의 유래를 설명하지. 격류가 심해 그 강을 타면 아무도 돌아오지 못해서 인디언이 붙인 이름이래. 그녀가 기타를 치며 부른 동명의 노래도 당시에 꽤 유행했지.

그는 '돌아오지 않는 강'을 제목으로 여러 점의 그림을 그렸다. 그것이 그의 절필작이라고 하는 일련의 그림들이다. 이중섭은 이 그림들을 벽에 붙여놓고 그 아래에 아내가 보내온 편지를 잔뜩 붙여놓았다. 이 무렵 이중섭은 아내에게 온 편지를 뜯어보지도 않았다. 이로 미루어 보면 그림 속의 여인은 일본으로 가 돌아오지 않는 그의 부인일 수도 있겠다. 그림 속의 아이는 어느 찻집 바다가 보이는 창가에 앉아 오지 않는 아내를 그리워하는 화가의 모습에 다르지 않다.

친구야, 김춘수金春洙 시인이 쓴 '내가 만난 이중섭李仲燮'이 절로 떠오른다.

光復洞에서 만난 李仲燮은/ 머리에 바다를 이고 있었다./ 東京에서 아내가 온다고/ 바다보다도 진한 빛깔 속으로/ 사라지고 있었다./ 눈을 씻고 보아도/ 길 위에/ 발자욱이 보이지 않았다./ 한참 뒤에 나는 또/ 南浦洞 어느 찻집에서/ 李仲燮을 보았다./ 바다가 잘 보이는 창가에 앉아/ 진한 어둠이 깔린 바다를/ 그는 한 뼘 한 뼘 지우고 있었다./ 東京에서 아내는 오지 않는다고.

아이들이 자연 속에서 노는 그림들이 좋더라. 아이들이 발가벗고 커다란 나뭇잎, 물고기, 새들과 노는 그림말이야. 내가 베란다 가득 화초를 키우며, 모든 것을 잊고 화초와 노는 것과 꼭 같지 않을까. 화가도 천진무구한 아이와 자연을 그리며 팍팍한 현실을 잊고 행복했을 것 같아.

담배 은박지 그림. 이것도 뺄 수가 없어. 꾹 눌러 각인한 섬세한 선들. 화가는 어쩔 수 없는 슬픔과 그리움, 한을 거기에 꾹꾹 누르고 눌러 채웠겠지. 스스로의 심장을 긁어 새겨 넣는 것이었을 지도 몰라. 조그만 은박지에 거렇게 얼기설기 얽혀 있는 선들이 그의 가슴의 생채기같이 느껴졌어.

혼자 한국에 남아 일본에 있는 가족을 그리며 보낸 편지들도 감동적이었어. 잘 그려야지 하는 의지에서 해제되어, 부인과 아이들을 즐겁게 해줘야지 하는 마음으로 진솔하게 쓰고 그린 편지가 참 좋더군. 크고 선이 굵은 달필, 대범한 멋진 글씨체로 솔직하게 사랑을 표현하고 그림에 대한 가치관도 나타내었더구나. 글 주위 사방여백에 죽 둘러 그린 조그만 그림들이 그의 애틋한 마음을 엿보게 했어. 편지에서 읽은 구절이 지금도 내 마음에 남아 있네.

"가장 소중하고 사랑스러운 아내와 모든 것을 바쳐 하나가 되지 못하는 사람은 결코 좋은 작품을 만들어낼 수가 없어요. 독신으로 작품을 만드는 사람도 있지만 아고리는 그런 타입의 화가는 아니에요. …… 어디까지나 나는 한국인으로서 한국의 모든 것을 전 세계에 올바르고 당당하게 표현하지 않으면 안 되오. 나는 한국이 낳은 정직한 화공이오."

화가의 일생을 따라 깊이 느끼며 전시회장을 한 바퀴 돌아온 지금, 잘 산다는 것이 꼭 윤택한 생활을 하는 것만을 뜻하지는 않는다는 생각을 해본다. 사랑하는 가족과 기쁨도 슬픔도 함께 나누며 살 수 있다면 그것이 잘 사는 것이 아닐까. 제주도 조그만 초가집 한 칸에 세 들어 네 식구 한 방에 비비고 살며 화가가 행복해했다는 것을 보면 큰 부나 명예가 꼭 필요한 것 같지는 않다. 그러나 당연히 자립할 정도의 경제력은 있어야겠지. 가족부양 능력이 되지 않아 떨어져 지낼 수밖에 없었던 화가의 슬픔이 결국 그를 잠식한 것을 보면.

네가 그랬지. '돌아오지 않는 강'을 한참 들여다보노라면, 과연 어떻게 사는 것이 잘 사는 것일까를 생각하게 된다고. 그래서 내린 너의 결론은 무엇인지 궁금해지네.

소심

　고고하게 피어나는 난의 한 종류인 소심素心을 일컫는 것이 아니다. 말 그대로 구차한 내 소심小心, 작은 마음을 말한다. 비좁기만 한 내 마음 방은 티끌 같은 근심거리에도 걱정으로 꽉 찬다. 내부 인자의 크기를 키우는 재주가 있는 방이다.
　나는 말이 없는 편이다. 겉으로 평온한 표정을 유지하며 고요하다 보니 나를 깊이 있는 이로 오해하는 이가 더러 있다. 알고 보면 내 마음의 깊이와 넓이가 부족하다 보니 아예

막을 쳐서 나를 가리는 것일 뿐인데 말이다. 속에서는 북덕북덕 혼자 지지고 굽고 열불나고 난리도 아니다. 침묵으로 소인배 인격을 숨기는 것이다. 가만히 있으면 2등은 한다는 소극적 위장이다.

두 자녀를 다 성혼시키고 마음이 편해야 하는 참이었다. 걱정 없이 즐겁게 살면 좋으련만 존재감 없이 작았던 혹이 스스로를 키워 공간을 꽉 채운다, 마치 절로 부푸는 풍선처럼. 조그만 걱정에도 금방 죽을 듯 힘들어하고 걱정의 우물에 푹 빠져버린다. 거의 망상 수준으로 발전할 때도 있다. 현실감을 잃고 판단의 오류를 범한다. 이 무슨 어이없는 인생이랴.

외관만 보고 세상은 불공평하다고만 생각해 왔는데 꼭 그런 것만도 아닌 듯하다. 작은 걱정은 키워서 크게 하게 되니, 누구나 힘들다는 점에서 꽤나 공평한 셈인가? 산이 높으면 계곡도 깊다니 큰 나무는 햇볕도 많이 받지만 그림자도 그만큼 크지 않은가. 오래 지고 온 큰 짐을 내려 놓았으니 춤을 추어야 할 판에 오히려 전에는 눈에 띄지도 않던 작은 점이 자라 내게 무게를 지운다. 자꾸 커지는 혹을 주저앉힐 방법에 대해 곰곰이 생각해본다.

첫째, 맞짱을 뜬다. 혹에 대해 적극적으로 연구하여 해결 방안을 찾는다.

둘째, 몸을 움직인다. 반찬을 만들거나 서랍을 정리하는 등 소소한 집안 일거리를 찾아내어 한다. 운동을 하거나 산책을 나간다. 신체를 쓰다 보면 사람을 기분 좋게 하는 호르몬이 분비되어 기분 전환에 도움이 된다.

셋째, 마음 방을 넓힌다. 사람을 사귀고 대화하며 책을 읽어 직간접 경험을 넓히는 것이다. 천박한 내 소심이 깊고 커지길 바라며 그릇 안을 끌로 파나간다. 힘들고 아파도 계속해야 할 일이다. 문제를 객관화하여 통찰하는 힘을 준다.

넷째, 적어서 생각을 정리한다. 적으면 정리가 되고 저장이 된다. 인간은 망각의 동물이므로 다음에 또 마음이 흐리고 흔들릴 때 읽으면 도움이 된다. 문자화하여 기록할 필요가 있다.

죽을 때까지 흔들리는 것이 인간이련가. 살아온 나날들이 무색하다. 부끄럽다. '흔들리니까 인간'임을 받아들이고 한 발 떨어져 내 흔들림을 객관화하여 볼 수 있도록 마음의 시력을 키우자. 그것이 흔들림에서 벗어나는 한 방법이 되리라. 옛 선사들이 한 것이 바로 이것 아니던가.

김치와 빵

 김치 없으면 밥 못 먹어. 예전에 하고 다녔던 말이다. 자장면도 카레도 김치가 있어야 먹을 만했다. 빵이나 피자를 먹고 나면 김치로 입가심을 해주어야만 개운해졌다. 몸 구석구석 칼칼한 김치 향이 스며들어야 속이 편안했다.
 김치만 있어도 밥을 먹었다. 탱글탱글한 알타리김치, 잘 익은 파김치, 향이 좋은 여수 갓김치, 시원한 물김치, 봄동 겉절이…. 솜씨 좋은 엄마는 철철이 맛있는 김치를 상에 올렸고 나는 김치에 인이 박였다. 밥과 김치는 마트의 원 플러스 원 상품처럼 언제나 같이 붙어 있어야 했다. 김치 없는 밥은 상상할 수 없었다. 아니 김치 없는 끼니는 내 사전에 있을 수 없었다.

첫 해외여행 때였다. 여러 날을 김치 없이 지낼 수 있을까 걱정이 되었다. 그렇다고 김치나 고추장을 따로 준비해갈 정도로 부지런하지는 않았기 때문에 모험을 해보기로 했다. 생전 처음 김치 없는 일주일을 보내기로 결정하였다. 며칠 고생 좀 하겠군, 하며 비장하게 떠났다. 그런데 이럴 수가. 하루가 지나도 이틀이 지나도 돌아올 때까지 김치가 크게 그립지 않았다. 새로운 음식을 맛보는 것이 신기하고 즐거웠다. 입에 맞으면 맞아서 좋았고 맞지 않으면 맞지 않는 대로 재미있었다. 그러니까 새로운 경험에 대한 설렘이 내 음식 취향을 맞추는 것에 앞서는 것이었다. 내게는 콜럼버스가 신대륙을 발견한 것만큼이나 큰 발견이었다.

그러고 보면 음식에 대한 기호란 때로 하나의 편견일 수도 있겠다. 새로운 경험을 해봐야 나 자신에 대한 편견을 깬다. 어릴 때부터 늘 김치와 함께 밥을 먹다 보니 김치 없는 식사를 생각해 본 적이 없었던 것이다. 습관은 편견을 만들기도 한다.

편견을 깬다는 것은 내 영역이 그만큼 넓어지는 것이다. 김치 없이도 살 수 있다는 것을 발견했다는 것은 내가 김치가 없는 다른 영역으로 넘어갔다는 것이 아니라 김치 외에 또 다른 음식들까지 영역에 포함되어 내 음식 영토가 확장된 것이다. 동시에 김치의 색이 옅어졌다기보다는 여전히 강력하게 짙으나 다른 여러 색이 풍성하게 추가된 것이다. 집에 돌아와서 김치를 상봉했을 때의 감격은 말할 수 없을 정도였다. 짠 김치를 엄청나게 먹고는 물을 얼마나 마셨던지.

밴쿠버에서 한 1년 있을 때도 김치 없이 잘 지냈다. 거기서 주로 먹은 것은 빵이었다. 부드러운 스콘과 쫄깃한 베이글에 입맛을 들였다. 언어 연수원 1층에 있는 식당에서 스콘과 커피를 주문했다. 초록 가득한 뜰을 내다보는 창가석에 앉아 알맞게 데워진 스콘을 한입 베어 물고 뜨거운 커피를 한 모금 마시면 더 부러울 게 없었다. 처음에는 스콘의 따뜻함에 집중한다. 스콘을 손에 잡고 조금 뜯어내어 그대로 입에 넣어 우물우물 씹는다. 손으로 입으로 온기를 느끼며 담백한 스콘 맛을 즐긴다. 식은 후에는 달콤한 잼이나 부드러운 버터를 발라 먹어가며 숙제를 하곤 했다. 늘 베이글을 먹던 카페도 있었다. 크림치즈 발린 베이글을 좋아해서 갈 때마다 그것만 먹었다. 살짝 짠맛이 풍기면서 고소하고 부드러운 치즈가 쫀쫀한 빵과 잘 어우러졌다.

가끔 김치가 그리우면 양배추를 소금에 절여 김치 비슷한 양념을 하여 버무려 먹었다. 우리 한국식 배추는 구할 수가 없었으므로 최고 대안이 양배추였다. 전통 김치와는 또 다른 감칠맛이 있어 먹을 만했다. 거기도 쌀은 구할 수 있었으므로 고슬고슬 하얀 쌀밥을 지어 불고기에 양배추김치를 곁들이면 진수성찬이었다.

한동안 김치와 단절되었다가 우리나라에 돌아와서 그리던

김치를 입에 넣었을 때 얼마나 맛있었는지 모른다. 또 쫀득한 하얀 쌀밥 냄새가 얼마나 구수했는지. 너무 익숙해서 무디어진 것들을 다시 느껴보려면 잠시 떨어져 있어 보라. 그 가치를 새롭게 인식하게 된다. 이것은 우리가 여행을 해야 하는 이유도 된다. 다양한 것들을 접하게 되어 편견을 깨고, 익숙한 것들에 대해 감사하는 마음이 생긴다.

최근에는 문득문득 바게트가 생각난다. 집 앞 레스토랑에 가면 식전 빵으로 따뜻한 바게트가 나온다. 손가락 끝으로 전해오는 기분 좋은 온기에 내 마음이 먼저 편안하게 풀어진다. 메인이 나오기 전 허기를 달래며 이런저런 이야기와 함께 뜯어먹는 빵에 나도 모르게 중독되었을까.

내 음식 영토에 바게트가 편입되어 오려나 보다. 땅이든 음식이든 영토의 확장은 늘 즐거운 일이다.

짝퉁송頌

　가방이 하나 생겼다. 작은 언니가 얼마 안 주고 산 거니까 편하게 들고 다니라며 멋진 가방을 하나 주었다. 품위 있는 짙은 보랏빛에 네모난 상자처럼 생긴 디자인이 마음에 쏙 들었다. 게다가 가볍고 실용적이어서 겨울 한철 매일이다시피 들고 다녔다.
　어느 날 한 친구가 보더니 말했다. 잘 만들었네. ㅅㄴ이랑 똑같네. 내 마음에 쏙 들었던 그 가방은 명품 ㅅㄴ사 제품의 짝퉁이었던 것이다. 아무것도 모르고 잘도 들고 다녔는데 친구는 가방의 가짜 정체를 한눈에 간파해 내었다.

나는 짝퉁 가방에 감사했다. 품질 좋은 가짜 제품을 만들어준 제조회사에 고마웠다. 짝퉁이 없었으면 이렇게 예쁘고 편리한 가방을 내가 어떻게 들 수 있었겠는가.

부자들이여, 그대들이 눈살 찌푸리며 곁눈으로 흘기는 것을 이해한다. 개같이 벌어 정승같이 쓰랬다고 힘들게 번 피 같은 돈으로 명품 사서 들었는데, 유사품이 시중에 쫙 깔려 있으면 정말 속상할 것을 이해한다. 얼마나 기운이 빠지겠는가. 고가를 지불하고 구입한 귀한 것을 자격도 되지 않는 이들이 겨우 서너 푼 지불하고서 너도나도 들고 다니다니.

그러나 우리는 다 안다네. 그대들이 든 것은 진짜이고 우리가 든 것은 가짜인 것을. 그대들이 드는 짝퉁조차 우리 서민 눈에는 모두 명품으로 보인다네. 그러니 너무 열 내지 말고 관대하게 봐주시게나.

오죽하면 짝퉁을 만들어내고 짝퉁을 사겠는가. 긍휼하게

여겨주길 바랄 뿐이다. 짝퉁 만들어 갑부되었다는 말 못 들었다. 그저 먹고 살기 위해 푼돈을 벌 뿐이다. 또한 짝퉁을 구입한 사람은 명품으로 보이고 싶은 바람으로 짝퉁을 들고 다니지만 짝퉁에 불과한 것을 말하지 않아도 누구보다 잘 안다. 자고로 지피지기란 말도 있지 않은가.

모방模倣도 재능이고 노력이다.

서예도 시작할 때는 본이 되는 글을 밑에 두고 그대로 베낀다. 잘 베끼는 글이 잘 쓴 글이다. 이렇게 열심히 모방하다 보면 어느 순간 한 단계를 넘어서고, 나중에는 독자적인 내 서체가 만들어진다.

모든 예술은 자연의 모방에서 시작했다. 그림의 기원인 원시 시대의 동굴 벽화는 동식물과 인간의 모방이 아니던가. 아리스토텔레스는 그의 저서 ≪시학≫에서 창작의 본질은 모방에 있으며 비극은 숭고한 행위의 모방이라고 천명하였다. 문학에 뜻을 두는 이는 존경하는 작가의 글을 필사하고, 그와 비슷한 글을 흉내 내며 글쓰기의 꿈을 키운다.

짝퉁 가방은 명품과 꼭같이 보여야 고급으로 친다. 품질의 기준이 '얼마나 진품과 닮았는가'이다. 구분할 수 없게 거의 같아야 높은 가격이 매겨진다. 짝퉁 글은 다르다. 같은 요소가 있으면서도 확연하게 달라야 한다. 개성 있는 아이디어로 반짝여야 한다. 저만의 창의성이 필수불가결한 요소이다.

    자세히 보아야 예쁘다
    오래 보아야 사랑스럽다
    너도 그렇다

나태주 시인의 〈풀꽃〉을 모르는 사람은 거의 없을 것이다. 눈길 한 번 주지 않아도 해마다 한구석에 예쁘게 피어나는 풀꽃을 평이한 단어들로 참 잘 나타내었다. 예쁘다는 말을 별 들어본 기억이 없는 나를 위로해 주는 것 같기도 했다. 수년 전 교보문고 올해의 시에 선정되어 현수막으로 커다랗게 붙어 있기도 했다. 나도 한 번 따라서 써 보고 싶은 마음이

들었다.

  패러디라는 장르가 있다. 다른 작품의 기법을 분석하여 의도적으로 흉내 내거나 모방하는 것이다. 다만 꼭 같은 반복이 아니라 창의적인 변용이 있어야 한다.

  언젠가 호접란을 선물 받은 적이 있다. 선물 받은 보라색 호접란은 꽃이 화사하게 컸으며, 1주일이면 시드는 다른 꽃들과 달리 그 형태와 색이 오래 유지되어 거실 장식에 한몫을 톡톡히 하였다. 사랑스러웠다. 그런데 한 달이 되도록 너무 변화가 없으니 슬슬 지겨워졌다. 가까이 가서 한 번 들여다보았다. 자세히 보니 마치 날벌레를 포획하기 위하여 최적화된 괴물 같았다. 가운데가 동굴처럼 움푹 패어 있고 거기에 털 같은 것들이 삐죽삐죽 나 있었다.

  위 내용으로 형식은 비슷하게, 그러나 주제는 역으로 시도해 보았다.

    자세히 보니 징그럽다

오래 보니 지겹다

너도 그렇다

이행희 작가의 짝퉁 풀꽃, 〈호접란〉이다. 나름 그럴듯하지 않은가. 세상사의 또 다른 일면을 보여주며 고개를 끄덕이게 하는 진실을 품고 있다.

물론 자신의 생명을 쥐어짜서 힘들게 쓴 남의 글을 그대로 베껴 자신의 이름을 붙여 발표하는 일은 없어야겠다. 이것은 질 나쁜 도둑질에 불과하다.

모방이 없는 세상은 생각하고 싶지 않다. 모방 없이, 짝퉁 없이, 이 세상이 과연 버텨낼 수 있을까. 짝퉁에 고마워하자. 덕분에 숨 쉬며 살 만하지 않은가.

이 세상의 짝퉁들이 인류 역사와 함께 영원하기를 기원한다.

2부

커피 칸타타
행화杏花
벤자민 버튼의 시간은 거꾸로 간다
꽃에 대해 너무 기대하지 말 것
수다와 뒷담화
비 내리는 해인사에서
어허라 사랑
연금술
이런저런

커피 칸타타

맑은 목소리의 여인이 높은 톤으로 명랑하게 노래를 한다. "하루에 커피 세 잔을 마시지 못하면/ 전 너무 낙심해서 말라비틀어지고 말 거예요./ 바싹 구운 염소 고기처럼 말이에요." 커피를 마시지 말라고 아버지가 딸에게 야단을 치자 딸이 하는 대꾸이다. "천 번의 키스보다 사랑스럽고 와인보다 부드러워. 커피, 커피, 나는 커피를 마셔야만 해."

바흐가 쓴 〈커피 칸타타〉라는 곡이다. 작곡가 바흐 시대에는 커피를 마시는 것이 대유행이었다. 집집이 커피를 마셨고 시내 커피하우스에 사람들이 모여 커피를 즐겼다. 바흐 역시 커피 마니아였다. 엄격한 주제의 종교적인 곡들을 많이 썼던 그가 커피를 찬양하는 〈커피 칸타타〉라는 매혹적인 곡을 작곡했다. 희극적인 칸타타로 커피하우스에서 공연했던 일종의 커피 홍보 음악이었다. 칸타타란, 여러 악장으로 이루어진 성악곡으로 규모가 작은 오페라를 생각하면 되겠다.

당시 의사들은 커피를 마시면 임신이 어려워지고 피부가 검어진다며 여자는 마시지 말 것을 주장했다. 아버지와 딸은 실랑이를 계속하다 마지막 악장에서 모든 출연자들이 다 함께 힘차게 커피를 찬양하며 끝이 난다. "고양이가 쥐 사냥을 포기하지 않듯/ 아가씨들도 커피를 포기하지 않을 거예요." 익살과 해학이 넘친다. 당시 커피하우스는 여성의 출입이 금지되어 있어서 남성이 여성 파트를 가성으로 불렀다. 한껏 꾸미고 부풀린 여성복을 남성이 입고서 고음을 익살스럽게 부르는 모습을 상상하면 실소를 금할 수 없다.

커피를 마시게 된 시원은 한 양치기 소년으로 거슬러 올라간다. 옛날 에티오피아 아비시니아 고원에 살던 양치기 소년 칼디는 양들이 붉은 열매만 먹으면 흥분하여 뛰어다니는 것을 발견했다. 호기심에 그 열매를 먹어 보니 신기하게 기운이 나고 상쾌해져서 열매를 이슬람 사원으로 가져갔다. 사원에서는 이 열매를 주로 기도할 때 잠을 쫓기 위해 사용했다.

14세기경 오스만제국(현재 터키)에 커피가 전파되어 수도 콘스탄티노플(현재 이스탄불)에 많은 커피숍이 생겨났고 사람들로 대성황을 이루었다. 당시에는 남편이 아내가 마실 하루 커피량을 준비하지 못하면 법적으로 이혼을 청구할 수 있는 권리까지 있었다고 한다.

17세기 커피가 터키에서 베네치아에 들어왔을 때 거센 반대에 부딪혔다. 곧이어 로마로 전해졌으나 교황청은 '이슬람교도의 음료'라며 음용을 금했다. 크레멘스 8세가 "악마의 음료라고 하는 커피가 이렇게 맛있는 것은 어찌 된 이유인가, 이러한 것을 이교도가 독점하게 두는 것은 안타까운 일이다."라고 말하며 커피에 세례를 내린 후 기호식품으로 인정받아 유럽에 널리 퍼졌다.

  우리나라 사람들은 평균적으로 일주일 동안 쌀밥은 7번 먹고, 커피는 12.3번 마신다는 통계가 있을 정도로 커피를 좋아한다고 한다. 집에 손님이 오면 "커피 한 잔 드릴까요"가 첫인사다.

  아침에 눈 뜨는 것이 우울했던 때가 있었다. 커피 한 잔으로 겨우 나를 달래어 하루를 시작했다. 그때의 습관이 이어져 지금도 커피 한 잔으로 아침을 연다. 차이가 있다면 당시에는 설탕과 크림이 들어간 믹스커피를 마셨고 지금은 기계에서 뽑은 원두커피를 그대로 아무것도 넣지 않고 마신다는 것이다. 커피 문화가 발전하면서 향과 맛이 더 좋은 원두커피를 마시게 되었지만, 때로 해야 할 일이 많은 날에는 여전히 달달한 믹스커피가 피로를 한 방에 날리기도 한다.

  집 근처에 커피집이 하나 생겼다. 세련되고 멋진 커피 프랜차이즈점들 사이에 떡하니 촌스러운 이름이 붙어 있길래 들어가 볼 생각도 하지 않았다. 그리고는 잊어버렸다. 그런데 슬슬 들려오는 소문이 그게 아니었다. 요즘 커피와 요리로 핫하다는 제주도, 그중에서도 맛있기로 유명한 집이 육지에 차린 분점이라는 것이다. 그 집 주인장 아저씨의 커피 뽑는 솜씨가 장난이 아니라고 했다.

아침 열 시 반인데 벌써 앉을 자리가 없었다. 아파트 내 작은 상가에 위치해 있어서 아직은 손님이 없으리라 생각한 것이 오산이었다. 빈자리를 발견하자 얼른 자리 잡고 앉았다. 커피가 너무 맛있다. 마시는 동안 다른 아무것도 생각나지 않는다. 단순히 쓴맛이 아니었다. 상큼한 향에 쨍하게 산뜻한 맛이 났다. 정신을 맑게 해 주는 로즈마리 향 같기도 했다. 쌉싸래하면서 새큼한 커피가 뒷맛이 은근하게 달았다.

커피 맛의 새로운 발견이다. 커피 칸타타의 명랑하고 매혹적인 소프라노 소리와 같다. 좋은 원두를 써서 솜씨 좋은 바리스타가 제대로 정성껏 뽑은 맛이었다.

수년 전부터 아파트 근처에 럭셔리한 프랜차이즈 커피집들이 생기기 시작했다. 처음 생겼을 때에는 유동 인구 없는 아파트 상가라 장사가 되지 않을 거라 여겼다. 집에서 마시지, 비싼 커피를 뭐 때문에 사 마실까 생각했다. 예상외로 젊은 이들로 붐벼서, 요즘 젊은이들은 절약 정신이 없다며 눈썹을 찌푸렸던 기억도 뚜렷하다. 지금은 나도 이해가 간다. 이렇게 맛있고 분위기가 좋으니 자연스레 가고 싶어지는 것이다.

처음으로 맘에 드는 커피집이 생겼다. 가까이 있어 마음 내키면 편하게 갈 수 있는, 가고 싶은 커피집이 하나 생겼다는 것만으로 기쁘다. 자주 가지는 않지만 언제든지 갈 수 있다는 생각만으로도 포만감이 느껴진다.

작은 럭셔리가 필요할 때 지인과 맛있는 커피를 나누며 담소하는 행복을 누린다.

행화 杏花

산책하지 말았어야 했어.
공연히 산책을 해서 지금 이렇게 울고 있네.

아침에 쓰레기를 버리러 나갔지.
꾹꾹 눌러 담은 쓰레기봉투를 통 속에 던져 넣고
돌아서는데 스치는 바람이 시원했어.
무더운 여름은 다 갔다며 살랑살랑 바람이 불어대는 통에 그냥 들어올 수가 없었어.

기분이 가벼워져 우쭐우쭐 걷기 시작했지.

그렇게 산책을 시작했어.

벌써 가을 기운이 충만했어.

파란 하늘에 산호수 열매는 빨갰고 조숙한 진분홍 과꽃도

몇 송이 피어났더라구.

범부채꽃은 실하게 열매를 맺어 쓰러질 듯

아슬하게 버티고 있었어.

그런데 말이야.

고운 꽃들이 바닥에 어지러이 널브러져 있네.

간밤에 바람이 세차게 불어대더니…

진붉게 여름을 태우던 목백일홍꽃 가느다란 목이

뚝뚝 꺾어져 떨어진 거야.

그만 가슴이 쿵 하고 내려앉네.

더 이상 산책을 계속할 수가 없었어.

터덜터덜 집으로 되돌아왔지.

변덕이 심한 걸 보니 가을이 온 게 맞네.
해마다 가을을 타.
가을이란 계절에는 백신이 없어.

마음을 달래려 윤오영 수필집을 펼쳤어.
작가가 어느 우울한 날 술을 마시러 갔다네.
그저 환하고 마냥 유쾌한 행화杏花(살구꽃)라는
술집 아가씨 덕에 방 안의 공기도 흐드러진
춘삼월 낙화 속같이 유쾌해졌대.
다음날 다시 행화를 찾아갔는데 술집 문이 닫혀 있었어.
약 2주 후 침울증을 풀어보려 행화네 주점을
다시 찾아갔지만 그녀가 없었어.
작가가 행화와 술을 마셨던 바로 그날 밤
그녀가 자살을 하였다고 주인이 일러주었어.

마냥 즐겁게만 보이던 아이가 알다가도 모를 일이라며.

    "낙화야 펄펄 날아라

    호사스럽게 지는구나

    웃으며 피었다 웃으며 날아라"

그녀가 불렀던 노래를 흥얼거리며
그는 집으로 돌아갔다나.

소리 없이 눈물이 흘러내려.
흐느끼며 하소연을 하든지
패악이라도 부리든지 할 것이지.
무슨 사연이길래 그조차 아니하고
고스란히 혼자 안고 그리 갔을까.
질 때조차 춤추고 노래 부르는 것이 가능할까.
굳이 호사스럽게 져야만 했을까.

처연하고 처연하다.

영화 '왕의 남자' 마지막 장면이 떠오르네.
눈을 뽑힌 광대가 피 묻은 붕대를 눈에 두른 채
신나게 소리하며 줄을 탔지.
"징한 놈의 세상, 신나게 놀다 가면 그뿐"이라며
한 치 앞을 모르는 걸음을 내디뎠지.

그날은
목백일홍이 펄펄 날고 있었을까.
행화가 펄펄 날고 있었을까.

벤자민 버튼의 시간은 거꾸로 간다

삑, 삑, 긴박한 소리가 눅진한 정적을 깬다. 주름살이 가득 얽힌 눈꺼풀과 이마를 클로즈업한 렌즈가 점점 멀어지며 누워 있는 할머니와 서 있는 여인을 보여준다. 점점 더 렌즈가 멀어짐에 따라 어느 병원 중환자실의 풍경임을 알게 된다. 임종의 시간이 다가오고 있다는 것을 안 할머니는 딸에게 가방 속 한 일기장을 읽어주기를 청한다. 영화 '벤자민 버튼의 시간은 거꾸로 간다'는 이렇게 시작한다.

"난 남들과 다르게 태어났다."로 시작되는 일기는 벤자민의 신비로운 이야기를 펼친다. 뉴올리언즈주 버튼가에 태어난 아기는 크기만 아기일 뿐 상태는 쭈글쭈글한 노인의 얼굴과 몸으로 태어났다. 출산 후유증으로 엄마가 죽자 괴물이 태어났다고 생각한 아버지는 그를 양로원에 버린다. 다들 늙어 죽어가는 양로원에서 노인 아이는 혼자 매일 젊어지며 살아남는다. 청년이 된 벤자민은 선원 생활을 하며 많은 경험을 한다.

세계적 발레리나인 데이지와 서로 호감을 느꼈지만 각자의 생활이 달랐던 그들은 맺어지지 못한다. 데이지는 세계 순회 공연 중 프랑스에서 큰 교통사고를 당한다. 치료 후 걸을 수는 있지만 발레는 불가능했다. 수년 후 극적으로 맺어진 둘은 그들만의 보금자리를 장만하여 생애 가장 행복한 시간을 보낸다. 누구에게나 행복한 시간은 있다, 아무리 불운한 사람에게도.

데이지가 임신을 알리자 벤자민에게 많은 걱정이 스친다.

나처럼 괴물로 태어나면 어떡하나. 아이는 커가고 나는 어려지면 어떡하나…. 딸을 키워줄 정상적인 아빠를 구하기를 바라며 그는 딸의 한 살 생일 때 가족을 떠난다.

딸이 읽던 일기장 옆에 딸에게 보내지 못한 엽서들이 리본으로 묶여 있다. "입학식에 데려가고 싶구나." "안아주고 싶어라." "아빠 노릇을 할 수 있다면 세상 부러운 게 없을 텐데." 이제야 친아빠의 존재를 알게 된 딸은 한 장 한 장에 쓰여 있는 내용들을 보며 오열한다. "살아가면서 너무 늦거나 너무 이른 건 없어. 넌 뭐든지 될 수 있어. 조금이라도 후회가 생긴다면 용기를 내서 다시 시작하렴." 함께 있어 주지 못한 딸에게 하는 마지막 조언이다.

임종이 가까운 할머니, 데이지가 남은 이야기를 잇는다. 나이가 들며 아기가 된 벤자민의 마지막은 데이지가 돌보았다고. 이야기를 마친 데이지는 창밖 난폭한 허리케인 속에서도 날갯짓을 멈추지 않는 벌새를 바라보며 죽음을 맞이한다.

말할 수 없이 신비롭고 슬프고 그러면서도 용기를 주는 영화이다. 상영 시간이 거의 세 시간이나 됨에도 불구하고 시간의 흐름을 전혀 느낄 수 없었다.

노인의 몸으로 태어나 아기가 되어 죽는 인간이라니. 괴물로 취급받아 태어나자마자 버려지는 운명이라니. 상식을 깨부수는 도전적 설정과 주인공의 가혹한 운명에 우리는 시작부터 충격을 받고 흔들린다.

데이지가 교통사고를 당하는 장면에서 작가는 관객을 향해 운명에 대해 친절하게 해석해 준다. "모든 일은 상호작용, 막을 방법은 없다. 그 남자가 알람을 맞췄거나 택시 기사가 커피를 사지 않았거나 쇼핑객이 잊지 않고 앞 택시를 탔다면. 하지만 삶은 무수한 상호작용의 끊임없는 연결이다. 누구도 통제 못 하는." 한 마디로 시간을 거꾸로 돌릴 수는 없고, 이미 일어난 일은 어쩔 수 없다는 것을 받아들이라는 것이다. 사고를 당하는 순간 활짝 펼쳐지던 데이지의 샛노란 코트가 지금도 선명하다.

벤자민은 잔인한 운명 속에서도 데이지를 만나 아기도 낳고 행복을 맛보지만 곧 스스로 가족을 위해 떠난다. 딸에게 써놓고 부치지 못한 엽서들을 이미 중년이 된 딸이 읽는 장면은 압권이다. 자라나는 아이와 함께 있을 수 없는 슬픔이 절절히 묻어난다. 지병이 있어서, 멀리 있어서, 혹은 다른 이유로 부모 노릇을 할 수 없는 이 세상의 모든 이들을 대변하는 듯했다. 부모 노릇이 아무리 힘들더라도 바로 옆에서 부모로 있을 수 있는 것만도 감사해야 할 일이라는 것을 깨닫는다.

　그러나, 이들은 단순히 수동적으로 받아들이는 것에서 멈추지 않는다. 어쩔 수 없는 운명 속에서도 우리는 선택을 할 수 있고 노력할 수 있다는 것을 보여준다. 실의에 빠져 있던 데이지는 어느 날 자신의 부상을 받아들이고 자기 연민을 그만두기로 결심한다. 자신이 할 수 있는 일을 찾아 발레 교습을 시작한다.

　　주여, 바꿀 수 없는 것을 받아들이는 평온과

바꿀 수 있는 것은 변화시키는 용기를

그리고 그 둘을 구별할 수 있는 지혜를 주옵소서.

- 라인홀트 니부어의 〈평온을 구하는 기도〉

인간은 누구나 각자의 위치에서 자신만의 생을 개척할 수 있다. 병실 창밖 난폭한 허리케인 속에서도 바쁜 날갯짓을 멈추지 않는 벌새는 태풍과도 같이 우리를 휘감아버리는 운명을 용감하고 지혜롭게 헤쳐 나간 주인공들 나아가 우리 모두의 이미지이다.

어떤 사람이든 오직 그만의 삶을 열심히 살아가며 그만의 존재 가치가 있다. 영화를 마무리하며 작가는 이것을 다음과 같이 표현했다.

"누군가는 강에서 앉아 있으려고 태어난다. 누군가는 번개에 맞고, 누군가는 음악에 조예가 깊고, 누군가는 셰익스피어를 읽고, 누군가는 수영을 하고, 누군가는 그냥 엄마이다. 그리고 누군가는 춤을 춘다."

나는 여기에 한 줄을 덧붙이고 싶다. 이 영화를 만든 천재 감독 데이빗 핀처에게 바치는 헌사이다.
"그리고 누군가는 영화를 만든다."

꽃에 대해 너무 기대하지 말 것

꽃에 대해 너무 기대하지 마세요. 당신을 위해 언제까지나 피어 있으리라 착각하지 마세요. 열흘도 되지 않아 당신을 두고 떠날 거예요. 자신의 본능에 따를 뿐이죠. 수정받기 위해 꽃을 피우고 씨를 만들고 나면 문을 닫아버리죠. 너무 서운해하지 말아요. 감으로써 더 귀하고 아름다운 것 아니겠어요. 다음 해에 또 올 거예요.

세상은 이렇게 스스로 굴러가죠. 조물주는 세상을 창조하고 자립시켰다죠. 자립시키기 위해, 핀 것은 지게끔 만들고 또 져야만 다시 필 수 있게 만들었다 하더라구요. 한 번 핀 꽃이 계속 피어 있다는 것은 세상이 정지한다는 것이고 정지한다는 것은 세상이 끝난다는 것이 아닐까요. 세상이 멈추지 않고 계속 존재하기 위해서는 피기도 지기도 해야 하는 건가 봐요.

계속 존재하기 위해 부재가 필요하다는 건 참 아이러니하지만 세상 좀 살아본 사람들은 그걸 알죠. 낮에 활기차게 움직이기 위해서는 밤에 잘 쉬어야 한다는 것을 알듯이요. 그래서 사랑도 피어났다 지곤 하나 봐요.

군자란꽃의 속을 들여다본 적 있으신가요. 주황색 꽃잎만 해도 눈길을 끄는데 안쪽은 빨려들 듯 더욱 환한 노란색이에요. 가장 깊은 곳에 아침햇살같이 노란 등불을 환하게 켜놓았어요. 길을 밝혀 주기 위해서가 아니라 벌 나비를 유인하기 위해서예요. 거기에서 여섯 수술과 한 암술의 기다란 대롱이 뻗어 나오죠. 마치 여왕벌 모시는 수벌들처럼 수술들이 중앙에 암술을 둘러싸고 있어요. 수술 대롱 끝에, 슬쩍 스치기만 해도 묻어나는 꽃가루를 잔뜩 탑재한 널쩍한 꽃밥이 음흉하게 자리잡고 있어요. 어떻게든 자신의 유전자를 퍼뜨릴 궁리를 하고 있죠.

수술보다 더 높게 쭉 뻗은 암술대를 보세요. 세 갈래로 정교하게 살짝 갈라진 작고 좁은 머리를 갖고 있네요. 아무거나가 아닌 더 좋은 유전자를 가진 수술의 꽃가루를 받으려는 암술의 전략이네요. 넙죽넙죽 받는 것이 아니라 도도하게 혹은 내숭 떨어가며 탐색하네요. 암술의 문은 모두에게 열리지 않아요. 고심 끝에 선택한 한 상대를 더욱 잘 받아들이려는 것에 최적화되어 있어요. '군자란'이라 점잖기만 한 줄 알았더니 나름의 전략이 있네요.

자연이 자연인 이유는 스스로 굴러가기 때문이죠. 영원을 사는 조물주가 어떻게 세상만 돌보고 살겠어요. 자립한 자연 속에는 사랑과 이별이 함께 하죠. 양과 음이 혼재하며 둘이 하나가 되죠.

'봄날은 간다'라는 노래가 괜히 있겠어요. 왜 이 노래가 시인들이 뽑은 가장 시적인 노래이겠어요. 꽃에 반하지 말란 얘기가 아니에요. 떠나버린 꽃에 울지 말란 뜻이 아니랍니다. 처음 대하듯 웃고 처음 보내듯 울어라. 다만 눈물 속에 익사하기 전에 빠져나오라는 거죠.

그리고 잊지 마세요, 당신도 꽃이라는 것.

수다와 뒷담화

 수다 전성시대다. 남녀불문하고 수다가 대세인 요즘이다. 수다를 장려하고 수다로 돈을 번다. 언제부터 우리 사회가 사설을 이렇게 좋아하고 지지했는지 아리송하다. 내가 자랄 때만 해도 말 많은 이는 언행이 진중하지 못하다며 야단을 맞곤 했다. 어느 때부터인가 통섭이니 소통이니 하는 단어가 들리기 시작하더니 지금은 여기저기서 공개적인 잡담이 한창이다.

가정에서 일어나는 잡다한 사건을 놓고 여러 패널이 모여 떠드는 '동치미'라는 TV프로그램이 있다. 답답한 속을 한겨울 동치미처럼 시원하게 풀어준다는 뜻에서 붙인 이름이다. 배우 기자 의사 등 유명 인사들이 나와 속상했던 가정사를 시시콜콜 털어놓으며 와자하게 떠들어댄다. 정신과 의사 목사 등이 도움말을 주기도 한다. 소문난 이야기꾼들을 섭외하여 재미있고 친근하게 시청자들에게 다가간다. 시청자들은 그들의 이야기에 자신의 현실을 투사하여 울고 웃으며 감정을 정화하고 치유한다.

'알쓸신잡'(알아두면 쓸데없는 신기한 잡학사전)이란 프로그램이 큰 인기를 끌었다. 반응이 좋아 시즌3까지 제작되었고 곧 시즌4도 출시될 듯하다. 알쓸신잡은 여행하며 대화를 하는 프로그램이다. 한마디로 수다 여행기이다. 과학박사, 소설가, 건축가, 잡학박사 등이 모여 여행하며 떠든다. 저녁이 되면 술과 음식을 놓고 모여 앉아 본격적으로 이야기보따리를 풀어놓으며 대미를 장식한다. 내로라하는 다방면의 전문가들이 모여 떠들다 보니 재미있으면서 내용이 풍부하고 깊이가 있다. 시청자들은 그들의 전문적 지식과 박식, 명쾌한 논리에 감탄하며 경청하게 된다. 새로운 지식도 습득하고 두뇌 회전도 하게 되어 한 편을 시청하고 나면 어쩐지 뿌듯해지기도 한다. 수다의 순기능을 제대로 보여준 프로그램이라 하겠다. 이처럼 최고의 엘리트들도 수다의 힘을 알고 수다에 참가한다. 수다는 이제 하나의 문화 현상이 되었다.

 수다의 사전적 정의는 '쓸데없이 말수가 많음. 또는 그런 말'이다. '쓸데없이'란 수식어가 들어가 부정적인 느낌을 주는 단어이다. 그러나 살아가다 보면 쓸데없는 것들이 얼마나 쓸데 있는지 모른다. 주부들은 계모임에서 온갖 푸념을 주저리주저리 늘어놓는 덕분에 기운을 차리고 집으로 돌아가 남편과 아이들에게 다시 기쁜 마음으로 봉사를 한다. 더불어 새로운 요리법과 효과적인 자녀 교육법까지 얻어간다. 남녀가 처음 만나 가까워지기 위해서는 갖은 잡담을 나누는 것이 큰 도움이 된다. 낮에 만난 것으로 모자라 밤에 이불 속에서 또 전화로 속삭인다. 퇴근 후 직장인들이 술 한잔 기울이며 쓸데없는 이야기들을 나눈 덕분에 서로 돈독한 유대감이 생겨 좋은 인맥이 된다. 유연한 관계의 근육을 키우기 위해 꼭 필요한 것이 수다이다.

수다에서 빠질 수 없는 것이 뒷담화다. 수다의 반 이상이 뒷담화다. 인간은 말문이 트이면 뒷담화를 시작한다는 설도 있다. 이런저런 수다 중 제일 맛있고 재미있다. 쫄깃쫄깃 신나는 씹을 거리다. 졸고 있다가도 눈을 반짝 뜨게 된다.

뒷담화란 '당사자가 없는 뒤에서 남을 헐뜯는 행위. 또는 그러한 말'이다. 영어로는 'Backbite', '뒤'의 back에 '물어뜯다'의 bite가 더해진 합성어이다.

예전에 B에게 너무 잘해주던 A라는 친구가 뒤에서 B를 험담하는 것을 보고 충격을 받은 적이 있다. 내 뒤에서 내 얘기도 저렇게 하겠지 하며 마음이 불편해졌다. 그럴 수도 있다는 것을 이제는 이해한다. 인간관계關係는 엉키기 마련이다.

관계라는 단어가 그 안에 실 사絲 자를 2개나 포함하고 있는 것만 보아도 알 수 있다. 관계란 얽히기 쉬운 실과 같다는 것을 옛사람들도 일찍이 깨우쳤음이다. 관계란 대부분 끊기보다는 이어져야 하는 것이므로 얽힌 매듭을 뒷이야기로 풀어내야 할 필요가 있다.

나도 더러 남의 말을 한다. 불만을 쏟고 나면 불편하던 감정이 사라지고, 뒷얘기를 했다 싶어 미안한 마음도 든다. 다시 앞에서 잘 대해주게 된다. 타인과 함께 이야기하다 보면 다른 시각으로 사건을 보게 되기도 한다. 사건에 대한 이해도가 높아지면서 나도 비슷한 잘못을 저지르기도 한다는 깨달음도 얻는다. 이야기하던 도중 생각이 명확하게 정리가 되어 언행에 힘을 얻을 때도 있다.

프랑스 문호 발자크가 한 말이 있다. "우리가 상대방의 뒤에서 쑥덕대는 말을 그의 면전에 대고 직접 한다면 이 사회는 도저히 유지되지 못할 것이다." 몸을 비워내는 화장실이 필요한 것처럼 마음을 정화시켜 주는 뒷담화가 필요하다. 뒤를 잘 다스려야 앞이 편안하다.

다만 불평불만을 달고 다니는 사람의 습관적인 뒷말은 스스로 자제하는 것이 필요하겠다. 먼저 본인의 정신 건강부터 챙겨야 할 듯하다. 또한 특정인을 험구하여 사람들을 조종하고 싶어하는 의도적인 뒷담화도 배제한다. 시대의 멘토 혜민 스님은 이렇게 조언했다. "남들이 나에 대해 뭐라고 하는지 일부러 다 알려고 하지 마세요. 골치만 아프고 마음만 상해요. 남 뒷담화하는 것이 습관화된 사람하고 말싸움 해 봤자 나만 손해입니다. 그냥 하던 대로 내 일에 몰두해요."

한 친구가 시크하게 이런 명언을 뱉은 적이 있다. "실컷 갖고 놀다가 제자리에 돌려만 놓으면 돼." 본인이 없는 자리에서 그에 대해 누가 무슨 말을 하건 상관 안 한다. 맘껏 떠들되 다만 없는 소문을 만들어 중상모략은 하지 말라는 뜻이렷다.

뒷담화라는 도마에 오르지 않는 이는 아예 관심의 대상이 아니라는 뜻일 수도 있다. 가끔 뒷이야기에 등장해야 정상이다. 악플도 관심이다.

모임에 가지 않으면 뒷담화의 대상이 될까 무서워서 꼭 출석한다는 사람을 보았다. 굳이 그럴 필요가 있을까. 편안한 마음으로 빠지길 권장한다. 가끔 결석해서 스스로를 맛난 이야깃거리로 보시하라. 다음에 당신을 보는 눈길들이 순해져 있을 것이다.

비 내리는 해인사에서

촌감寸感

 빗방울이 뛰어논다. 무성한 굴참나무 이파리를 피아노 건반인양 두드린다. 톡토도독 톡톡 도도도독 툭! 요 잎 조 잎 왔다 갔다 바쁘다. 양껏 배부른 계곡은 흥이 도도하다. 중중모리장단이 되었다가 휘모리장단으로 목청껏 내뽑는다. 기와지붕의 골과 골에서 떨어지는 빗줄기가 땅에 작은 웅덩이를 만들었다. 웅덩이에 연이어 쏟아지는 낙숫물이 경쾌하게 튀어 오르며 투명하게 까르르 웃는다.

숲속 깊이 자리한 산사는 빗방울의 뮤지컬 공연 무대다. 칼 같은 군무를 추다 흩어져 건반을 두드린다. 있는 대로 목청을 뽐내다 느닷없이 현을 퉁기기도 한다.

빗물이 법문을 한다.
"환희심으로 살아라."

단상斷想

산사의 앞마당은 쓸기 위하여 있다. 사람의 마음도 이렇게 매일 정갈하게 쓸어야 하는 것이라고 말없이 설법한다. 쓸어라, 쓸어라, 한다.

머리가 좋지 않아 경전을 제대로 이해하지 못하는 스님이 있었다. 스님은 낙담하였다. 이래서야 무슨 공부를 하겠는가. 스승님이 일렀다. 매일매일 빗자루를 들고 절의 구석구석을 깨끗하게 쓸어라. 그것으로 너는 득도하리라. 머리 숙여 종일 쓰는 데에 정진하던 그는 어느 날 문득 도를 깨우쳐 해탈하였다고 한다.

득도하신 빗자루 스님이 오늘은 빗물의 몸으로 납시었나 보다. 먼지 덮인 산사의 나뭇잎과 기와지붕을 말갛게 씻고 앞마당을 제 몸으로 쓸어내린다.

반짝이며 떨어지는 자디잔 빗방울들이 대웅전 앞 넓은 마당에 골을 만들어 흐른다. 그 골은 절 마당 곳곳으로 물길을 내어 얼기설기 나지막한 언덕과 얕은 계곡을 만든다. 사이사이 사람들의 발자국이 찍힌다. 비 오는 산사에는 언덕과 계곡과 발자국이 얽혀 흐른다.

산사의 시간이 흐른다.
흘러라, 흘러라, 법문을 한다.

어허라 사랑

되었다. 마음속으로 무릎을 친다. 청소기를 돌리다가 콧소리로 멜로디를 흘리고 있는 나를 발견한 것이다. 낮은 소리로 계속 흥얼거려본다. 중간에 재생이 안 되는 블랙홀 부분이 두어 군데 있지만 반 넘어 따라 할 수 있다. 가사도 절로 몇 줄 읊어진다. '허락도 없이 떠날 사랑 하나가 웃으면서 오~고 있네.'

여기까지가 어렵다. 이제 시간문제다. 국민 가수 주현미의

'어허라 사랑'을 배우는 중이다. 요 며칠간 시간 날 때마다 무한 반복으로 듣고 있다. 외국어가 입에서 나오려면 먼저 주야장천 들어야 하고 글을 잘 쓰려면 그 전에 머리에 쥐가 나도록 읽어야 한다. 노래하는 것도 마찬가지다. 노래를 내 것으로 만들기 위해 밥할 때도 앉아 쉴 때도 밤낮으로 듣는다. 노래 안에 풍덩 잠겨 지낸다. 그러다 보면 나도 모르는 사이에 멜로디와 가사가 무의식 속에 각인이 된다. 어느 순간 내 입에서 저절로 멜로디가 흘러나오면 반 이상은 된 것이다.

얼마 전 지인들과 노래방에 갔다. 가을 초입이라 뒷마당에 소담하게 피어 있던 과꽃이 떠올라 동요 '과꽃'을 불렀다. "올해도 과꽃이 피었습니다. 꽃밭 가득 예쁘게…." 딱 저 같은 노래 부르네 하는 표정들이다. 반응이 좋지 않다. 무엇이었는지 기억도 나지 않는 노래를 하나 더 하고는 내 몫은 다 했다 싶어 살금살금 뒤로 물러나 의자에 앉았다.

열정적인 청중 모드로 들어갔다. 못 부르면 듣기라도 잘해야 하니까. 나는 선천적으로 흥이 모자라는 듯하다. 마음은 나도 일어나서 리듬 따라 신나게 흔들며 놀고 싶다. 그러나 흥이란 것이 내 몸속에서 일어나 주지를 않으니 될 리가 없다. 주로 구석에 조용히 앉아 있는 편이다. 그래도 분위기 망친다는 소리는 듣고 싶지 않아 많이 노력했다. 발라드가 나오면 두 팔을 높이 들고 박자 맞추어 오른쪽 왼쪽으로 열심히 흔들어 주었다. 신나는 곡이 나오면 큰 동작으로 박수를 열렬히 쳤다. 곡이 끝나면 유후~ 함성도 질렀다.

그런데 한 곡 더 하란다. 뭘 할까. 뭘 하지. 달아오른 분위기를 해치지 않는 노래가 무엇일까. 곡명 책자를 열심히 훑는다. 이거다. 단장의 미아리고개. 빠르고 구성진 트로트로 골라본다. 고저장단을 살려 최대한 꺾어가며 열창을 한다. "샘이 이런 노래도 하나." 깔깔 웃으며 반응이 좋다. 역시 내 나이에는 트로트를 할 줄 알아야겠군. 아무래도 이런 노래를 하나 더 준비해야겠다.

버스에서 우연히 들은 노래가 하나 떠올랐다. 가사가 상큼했다. 주현미의 '어허라 사랑'. 양인자 작사 김희갑 작곡. 양인

자와 김희갑은 부부이면서 각자 국내 최고봉의 대중가요 작사가와 작곡가이다. '어라 어허라 사랑이 오네/ 나를 나를 울리려고 사랑이 오네' 시작부터 내 관심을 끈다. "허락도 없이 떠날 사랑 하나가/ 웃으면서 오~고 있네" 흠, 괜찮은데. 이어서 "달콤하고 변하기 쉬운 입술/ 불내놓고 물 뿌려본들" 캬, 가사 좋은걸. 이제 클라이맥스다. "이건 아니야 고개를 돌리려다/ 그리움만 보고 말았네." 아, 쓰러진다. 멜로디가 미묘하게 오르내리며 사람을 밀고 당기다 살짝 놔버린다. 안타까움을 최대치로 올린다. 명곡이다. 밥 딜런이 아니라 양·김 부부가 노벨문학상을 받았어야 하는데…. "어라 어허라 눈물이 된 사랑/ 노가리 네댓 축은 죽어나겠네." 마무리까지 완벽하다. 이렇게 멋진 노래가 왜 널리 알려지지가 않았을까. 발표한 지 여러 해 됐다는데.

문제는 멜로디가 따라 부르기 어렵다는 거다. 꽤 높이 올라가는 부분이 있고 음의 흐름이 드라마틱해 따라가기가 상당히 난해하다. 내가 이 노래를 마스터할 수 있을지 의문스럽다. 그래도 도전은 해보자. 열심히 해보고 어느 정도의 성과가 나면 끝까지 간다. 노력했는데도 안 되면 하차하면 되지.

'되면 한다'. 요즘 내 모토는 '하면 된다'가 아니라 '되면 한다'이다. 나이 지긋한 이가 '하면 된다'며 너무 설쳐도 주위 사람이 피곤하다. 되면 한다. 안 한다는 것이 아니다. 일단 해본다. 그리고 할 만큼 다 해보는 것을 전제로 한다. '한다'로 끝나지 않는가. 안 한다는 말이 어디 있나. 부정적 체념이 아닌 긍정적 수용이다. '하면 된다'며 무작정 덤비는 막무가내 정신은 젊은이들에게 물려준다. 나는 이제 한 발짝 여유를 갖고 '되면 한다'.

아직까지는 되고 있다. 어려운 노래를 반 너머 익힌 것이다. 그러니 계속 '고'다. 이제 좀 더 연습하여 다음 기회에 멋지게 부르면 된다. 물론 객관적으로 다른 이들이 듣기에 멋진 것은 아닐 수 있다. 노래를 꼭 잘 부를 필요는 없다. 분위기를 망치지 않으면 반은 성공이다.

이 노래가 성공하면 조용한 발라드 한 곡도 내 것으로 만들어야겠다. 때로 분위기 있는 곡도 필요하다. 찍어 놓은 것이 있다. 이소라가 부른 '바람이 분다'이다. 사실은 이 곡이 맘에 들어 전에 연습을 좀 했는데 고음 부분에서 올라가지를 않아 포기했었다. 요즘 좋은 정보를 하나 들은 게 있다. 음이 높은 노래는 노래방 기계에서 키를 낮추어 부르면 된단다. 그래서 다시 연습할 생각이다. 지인들 앞에서 이왕이면 내가 좋아하는 노래를 부르고 싶다.

'어허라 사랑' 프로젝트는 진행 중이다. 나는 '되면 하는' 사람이니까.

연금술

봄이 빗속에서 노란 데이지꽃을 들어 올리듯

나도 내 마음 들어 건배합니다

고통만을 담고 있어도

내 마음은 사랑스러운 잔이 될 겁니다

빗물을 방울방울 물들이는

꽃과 잎에서 나는 배울 테니까요

생기 없는 슬픔의 술을 찬란한 금빛으로 바꾸는 법을

- 사라 티즈데일의 〈연금술〉

  빗속에 산책을 했습니다. 철쭉이 녹의홍상을 요염하게 떨쳐입었습니다. 단풍나무가 포동포동한 연두색 잎을 무수하게 내밀었네요. 자주색 모란 꽃봉오리가 터질 듯합니다. 봄이 소생시킨 세상 위로 연분홍 벚꽃비가 하늘하늘 내립니다. 삼라만상의 부활을 눈, 귀, 코와 가슴에 가득 채웁니다.

  모과나무가 연분홍 꽃을 피웠습니다. 참으로 경탄스럽습니다. 못 생기고 누런 열매로만 알고 있었는데 그 꽃이 얼마나 곱고 이쁜지요. 한 나무에서 이렇게 딱딱하고 투박한 열매와 이렇게 여리고 고운 꽃을 함께 만들어 내다니요. 하긴 못난 열매가 지닌 형언할 수 없이 달콤한 향기만 보아도 모과는 뭔가 대단한 비밀을 가지고 있을 것 같긴 하네요.

  내 마음속 지독한 미세먼지도 아침 비에 다 씻긴 듯합니다. 요 며칠 사람 사이의 불편한 일들로 마음이 힘들었습니다. 근심이 내 마음을 덮어 가슴이 맵고 호흡이 힘들었습니다. 봄이 내 탁한 마음을 찬란한 금빛으로 바꾸었나 봅니다. 빗방울을 다채로운 색깔로 물들이는 꽃과 잎이 무채색 내 마음에 화사한 색을 입혔나 봅니다. 과연 봄의 연금술은 놀랍습니다.

보옴나아알은 가아안다~ 저기 어디선가 구성진 노랫소리가 들립니다. 가슴 아픈 이별을 겪었을까요. 나도 눅눅해지네요. 그러나 지금은 축제의 시간. 나는 봄의 품 안에서 그의 다양한 마법을 좀 더 즐기고 싶습니다. 때가 되면 가차 없이 돌아설 그인 걸 알지만, 갈 때 가더라도 지금은 꽃놀이를 즐기렵니다.

나도 내 마음의 잔을 들어 봄에게 건배!
빛나는 시를 빚어낸 연금술사, 사라 티즈데일에게 건배!

이런저런

알맞게

주님, 왜 인간에게 '알맞게' 할 줄 아는 속성을 주지 않으셨나요? 더도 덜도 아니고 딱 알맞게 먹고, 운전 속도는 무리 없이 적절하게, 운동은 몸에 마침맞게, 넘치지도 모자라지도 않게 적당히 욕심부리면 이 세상이 훨씬 평화롭지 않을까요? 아픈 사람도 교통사고도 반으로 줄 테고….

아니란다. 다들 너무 잘 자라서 서로 알맞게 맞춰 살면 그래서 병이나 싸움도 없고 사고도 없으면 너무 재단이 잘 돼 있으면 예측할 수 없는 일은 하나도 없고, 모든 것들이 정해진 대로만 된다면 이 세상이 무슨 재미가 있겠니. 알 수 없는 미래에 희망이 있는 거고 희망이 있어야 사는 거지. 무슨 희망으로 무슨 낙으로 살겠니.

밸런싱, 목표이나 도달할 수 없는, 끝없이 향해 가는 우리의 영원한 정반합.

꽃의사

우리가 갑갑하면 한 바퀴 휘 바람을 쐬러 나가듯, 식물도 바람을 쐬어야 산다. 물과 햇볕만큼이나 중요해서 방안에 키우는 식물은 자주 창문을 열어 통풍을 시켜 주고 한 번씩은 베란다에 내어 줘야 건강을 유지한다. 또 우리 머릿속에 무성한 생각들이 가지를 뻗으면 적당한 선에서 잘라 버려야 하듯, 화초도 가지치기를 해 줘야 튼실하게 자라고 모양도 예뻐진다.

    꽃의사가 되었으면 좋았을 걸. 아픈 동물을 치료해 주는 수의사가 있듯이 꽃을 치료해 주는 꽃의사도 있을 텐데. 아파트 쓰레기장에서 죽어 나가는 화초들을 보며 마음이 아프다. 손쉽게 선물로 주고받으며 소비되는 꽃들을 보면서 해보는 생각이다.

모과나무

    유난히 울퉁불퉁 삐죽삐죽 거친 몸통이 말한다. 힘들고 아픈 건 내가 다 할게. 너는 그렇게 곱게 피거라, 곱게 피어 있기만 하거라…. 하고 연분홍 꽃에게 말한다. 가을이면 잎 다 벗은 모과나무가 말한다. 이렇게 다 버려야 열매가 오지.

내가 가진 걸 다 내어줘야 향 좋고 색 좋은 열매를 맺을 수 있단다, 하고 나에게 일러준다.

호주

호주 대륙을 가로지르는 버스 안이었다. 한참 자다 눈을 떠 밖을 보니 고운 무지개가 초원 위 푸른 하늘에 유려한 곡선을 그렸다. 넓디넓은 하늘에 컴퍼스로 그린 듯 한 치도 틀림이 없었다. 내 마음도 무지개처럼 가벼워졌다.

오션로드에서 바다를 온통 물들인 붉은 노을을 만났다. 그림 같은 무지개가 황금빛 절벽 위에 걸렸다. 몽환적이면서 장엄한 아름다움이었다.

멜버른 국립미술관을 마주하여 서는 순간 호주는 내게 무지개 나라로 각인되었다. 무지개를 닮은 둥그런 곡선으로 사각형 문을 구분 지어 곡선 밑으로는 물이 흘러내렸다. 거기에 무지개가 은은하게 어려 있었다. 호주인들은 무지개를 닮고 싶어하는 사람들이구나. 이들의 피 속에 무지개가 녹아 있나 보다. 강렬한 햇살에 수시로 비가 왔다 개었다 하니 무지개가 자주 뜰 수밖에 없는 환경이었다. 생동감 넘치는 알록달록한 무지개 국가 호주이다.

무지개는 색도 아름답지만 이어 그려보면 그 형태가 완벽한 원을 그린다. 나도 살아가며 무지개를 닮은 예쁜 색으로 원 하나 그릴 수 있기를 소망한다.

즉문즉설

법륜스님의 즉문즉설을 검색한다. '어떻게 하면 성당에 신도가 많이 올까요.'라는 즉문이 나왔다. 천주교 신자가 신부님 아닌 스님께 이런 질문을 한다는 것이 신기하기도 하고 우습기도 하다. 스님은 아무렇지도 않게 그러나 진지하게 즉

설을 한다.

 신앙을 가짐으로 해서 자기 삶이 변해야 합니다. '평소에 화를 잘 내더니 성당에 다니고부터 화를 안 낸다. 이기적이더니 이타적으로 변했다.'라는 말을 들을 수 있어야 합니다. '말씀을 듣고 내가 변했습니다.' 하게 되면 주위 사람들이 자연히 관심을 가지고 따라오게 됩니다.

 스님의 말씀이 명쾌하다. 무성한 잎에 가려진 몸통을 본다. 꽃에 현혹되어 본체를 보지 못하는 범인과 다른 듯하다. 본질을 꿰뚫어보는 명쾌한 논리에 기분이 상쾌해진다.

원전

 인간은 원전을 포기하지 못한다. 사랑을 오남용하는 인간을 보면 알 수 있다. 세상없던 연인들이 시간이 흐르면 세상없는 원수가 된다. 꿈에 그리던 이상형이 발밑 쓰레기가 된다. 그럼에도 사랑 처방은 넘쳐난다. 노래도 책도 온통 사랑 타령이다. 콩깍지가 씌었을 때에 더 이상 달콤할 수 없기 때문이다.

작은 부품 하나 문제 생기면 원전은 세상 최악의 위협이다. 쓰나미라도 덮치면 더 말할 것도 없다. 그런데도 원전은 늘어만 간다. 왜이겠는가. 부품들이 제대로 돌아갈 때에는 최상의 에너지원이기 때문이다.

인간이 사랑 중독에서 벗어날 리는 없을 테고 그것은 바로 그들의 역사에서 원전이 결코 없어질 수 없다는 것을 말해준다.

3부

아버지의 숲
어머니
물들고 번지며
겹
모두 꽃이다
딸아, 고맙다
텅 빈 미술관
선생님보다 후생님
답
울루루

아버지의 숲

조금씩 숲이 무너진다. 초록으로 꽉 찼던 베란다 정원이 듬성듬성 비워지고 있다. 격리하여 비운 화분이 벌써 여럿인데 아버지 댁에서 들고 온 애니시다까지 오염이 되었다. 남은 화분들에 벌레가 옮기 전에 하루빨리 처분해야 한다. 알면서도 차마 화분을 엎지 못한다.

포근한 봄 햇살과 까슬한 가을 햇빛을 제일 먼저 맞는 곳이 베란다. 일곱 걸음이면 끝나는 좁은 베란다 모퉁이에 낡은 의자가 놓여 있다. 물주고 난 후 앉아 해바라기를 하면 열린 창문으로 바람도 들어온다. 비가 오는 날은 유리창에 떨어지는 빗소리를 듣는다. 습도가 높은 날이면 싱그러운 흙냄새가 깔려 어느 수목원에 와 있다는 착각도 한다. 하루에도 몇 번씩 들락날락 화분을 둘러보면 남부럽지 않은 숲이 된다.

아버지의 숲은 화사했다. 햇살이 가득 드는 베란다여서 봄이 일찍 왔다. 아버지는 색이 곱고 화려한 꽃을 좋아하셔서 꽃 피는 식물만 날라드렸다. 사계절 내내 색색이 예쁜 제라늄도, 노랗게 달콤한 내음을 뿜는 애니시다도 갖다 드렸다. 초록으로 가득한 나의 숲에 비해 다채로운 색깔이 풍성하게 넘쳐났다.

꽃이 필 때면 내게 전화로 소식을 전했다. 진분홍 호접란이 얼마나 환하게 빛나는지, 보라색 재스민이 얼마나 향기로운지. 꽃봉오리가 열릴 때의 느낌은 말로 표현할 수가 없다며 은근하게 목소리를 낮추었다. 한 번 안 오나 하시며 향기로운 당신의 숲을 내가 봐주기를 원했다. 건강을 체크하러 오는 간호사도 들를 때마다 정원을 부러워한다고 자랑하였다.

 말년을 실버타운에서 보냈던 아버지는 베란다에 화분이 있는 것을 행복하게 여기었다. 그의 화분들과 함께 오래오래 살고 싶어했다. 햇빛 한 줌이 얼마나 찬란한지 바람 한 줄기가 얼마나 황홀한지 모른다 하시며 베란다로 눈길을 주었다. 실눈을 뜨고 꽃잎에 내린 햇살과 바람에 실려 오는 꽃향기를 감상하였다.

 올 들어 부쩍 기력이 없어진 아버지는 화초를 돌볼 여력이 없었다. 몸 가누기도 힘든 주인 따라 식물들도 시들어갔다. 재스민 향이 온 집에 배어 있는데 잎과 줄기가 모두 야위고 비틀어졌다. 제 색을 잃은 꽃잎들이 시커멓게 말라붙었다. 늘 깨끗하게 청소되어 있던 하얀 타일 바닥에는 형체 모를 화초의 잔해들이 뒹굴고 있었다. 아직 목숨이 붙어 있던 애니시다를 우리 집 베란다로 옮겨 왔다.

 젊었을 때부터 병약하여 죽을 달고 살았던 아버지는 건강하던 어머니를 먼저 여의고도 일심으로 몸을 관리하여 혼자 20년을 넘게 살았다. 조심조심 겨우 지탱하던 몸이 가차 없이 무너지기 시작했다. 90년도 넘게 사용한 몸은 그의 뜻과 달리 소변 길이 막히고 출혈을 하고 뼈가 내려앉았다. 대학병원에서 치료를 하다가 요양병원으로 모신 후 정신에도 균열이 왔다. 내가 왜 여기 와 있노, 같은 말씀만 하고 또 하셨다. 따스하게 향기가 피어오르던 아버지의 숲으로 돌아가고 싶다는 일념만이 남은 듯했다.

 붕괴는 순식간이다. 돌아가는 것이 불가능하다는 것을 깨달았던 것일까. 어느 날 그는 미련 없이 끈을 놔버렸다.

 아버지가 임종한 지 보름쯤 지나서였다. 화분에 물을 준 후 의자에 기대앉았다. 순간 먼지같이 작은 그림자가 눈앞에 어른대었다. 긴가민가하며 지켜보니 애니시다 화분에서 조그만 날벌레가 포르르 날아오른다. 아버지 댁에서 우리 집으로 이사 온 후 건강을 되찾아 가던 애니시다에 벌레가 옮은 것이다. 흙속 깊은 곳에서 뿌리를 파먹고 자란 애벌레들이 날개를 얻어 날아오르며 무차별적으로 다른 화분들을 공격한다. 천천히 아버지 몸을 잠식한 암세포처럼, 작은 회색 벌레들이 화분 속에서 보이지 않게 애니시다 뿌리를 다 파먹었다. 뿌리를 잃은 애니시다는 이미 돌이킬 수 없고 남은 화분들을 보호하려면 지체할 수 없다. 생각은 하면서도 오래 망설인다.

아버지는 동물적이기보다 식물적이었고 남성적이기보다 여성적이었다. 평생 누구에게도 목소리를 높인 적이 없었다. 주위에서는 말없고 점잖은 할아버지로 통했다. 꽃이 만발한 베란다를 바라보며, 좋아하던 말러의 교향곡을 감상하던 그의 고요한 모습이 떠오른다.

마음을 다잡아 애니시다 줄기를 부러뜨린다. 분질러 토막 내어 쓰레기봉투에 담고 흩어진 흙을 쓸어낸다. 뒤처리를 한 후 손바닥을 더듬어 본다. 꺾이지 않으려 뻗대던 가지의 촉감이 아직도 생생하다. 목울대가 아파오며 느닷없이 통곡이 터진다. 손에 느껴졌던 거친 가지는 병상에 누워있던 아버지의 몸처럼 물기 없이 질기기만 했다. 그가 끈질기게 잡고 있던 이승의 끈 같기도 했다. 아버지가 이승에 남긴 일말의 미련을 내가 썩뚝 잘라내 버린 듯한 아픔에 통곡을 멈출 수가 없다. 한참을 오열하다 보니 울음이 절로 잦아든다. 아버지의 낮은 목소리가 들린다.

"산다는 게, 쓸어내고 흐르는 거다. 슬픔은 쓸어내고 가볍게 흘러라."

미련을 갖고 있었던 것은 아버지가 아니라 나였다. 그가 붙들고 있었던 것이 아니라 내가 잡아당기고 있었다. 아마도 아버지는 딸의 마음속 깊이 괴어있던 슬픔과 안타까움을 거두어가려 당신의 애니시다를 마저 데려가셨을 것이다.

숲을 더 늘리지 않기로 한다. 좁은 장소에 욕심스레 채우다 보니 나무 하나하나가 스스로 제 몸피를 줄인 듯하다. 그동안 화초가 주는 기쁨에 집착하여 보이는 대로 새 화분을 사들였다. 화분이 넘쳐 발에 차이는데도 또 사들였다. 선반을 들여 층층이 포개어 올렸다. 코로나 사태도 인간의 넘치는 욕심이 자초한 일이라는 자연의 교훈을 겸손하게 받아들여, 남아 있는 것들을 소중하게 잘 돌보기로 한다. 레옹의 숲은 화분 하나였다. 총격을 피해 가면서 급하게 한 손으로 챙겨가는 조그만 화분 하나. 그에 비하면 초록이 가득한 나의 숲은 얼마나 호화로운가. 드넓은 숲을 잃은 인간은 작은 화분으로 만족해야 한다.

애니시다가 사라진 자리에 따뜻한 햇볕이 들어온다. 가만히 심호흡하며 온몸으로 맞이한다. 아버지가 비워준 자리에 새 생명이 들어왔다. 딸애가 임신을 했다.

어머니

나는 유독 말이 없었다. 아버지가 말씀이 없는 분이었으니 나도 그 유전자를 타고난 듯하다. 거기에다 말해 봤자 소용없다는 것을 일찍이 학습했던 것 같다. 큰 목청으로 군림하는 엄마에게 야단맞고 저지당하며 더욱 입을 닫게 되었다. 표현을 중지하는 데서 나아가 감정을 느끼는 것을 차단해 버렸다. 그래서인지 어릴 때 일은 거의 기억나는 것이 없다. 시키는 것은 곧잘 해 놓았으므로 조용하고 착한 아이였다. 병약하여 병원을 들락거렸고 드러누워 책만 보았다. 온갖 국내외 명작 동화와 소설을 가리지 않고 다 읽었다.

독서를 많이 했던 데다 엄마가 시킨 온갖 과외를 한 덕분인지 명문 중고등학교에 상위권으로 진학했다. 에너지가 넘치던 엄마는 치맛바람을 날리며 학교를 드나들었다. 입술을 빨갛게 그리고 화려한 미제 원단 원피스를 맞춰 입고 선생님을 만나고 엄마들 모임에 참여했다.

엄마는 난, 소철, 여러 꽃을 윤기 나게 기름이 자르르 흐르게 키웠다. 거름도 물도 듬뿍 주어 유난히 살이 통통하고 반지르르했다. 그런데 잠시뿐이었다. 자주 화분은 바뀌기도 하고 줄기도 했다. 아버지께 여쭈니 "어, 힘없이 누레지더니만 죽데. 거름을 너무 많이 줘서 그랬는가." 하셨다. 그러고 보니 화분 흙 위에 까만 깻묵과 둥글둥글한 검은 비료가 가득 얹혀 있었다. 달걀 껍질이나 커피 찌꺼기도 보였다. 그 후로도 늘 그렇게 엄마 집에는 화초들이 빛이 났다가 어느 날 사라지고 또 다른 화초가 자리를 대신하곤 했다.

화초는 다른 화초로 대체가 되지만 자식 농사는 그렇지가 못했다. 나는 학교 공부만 잘할 뿐 말 한마디 없고 친구도 없는 좀 이상한 아이였다. 엄마는 당신이 아는 온갖 거름을 퍼부었고 나는 그 속에서 시나브로 누렇게 떠갔다. 요즘 와서 생각해보면 우울증이었지 싶다. 세상이 싫었고 만사에 무기력했다. 명문대 입학이 나의 정상이었다. 졸업만 겨우 하고서는 시간을 흘려보내다가 시집을 갔다.

 엄마와 대화를 하고 싶었지만 나는 대화의 기술이 없었고, 엄마는 당신 생각만 강요했다. 엄마가 싫었다. 때로 까칠하게 굴고 대들기도 했다. 당신 덕분에 받게 된 고등교육을 무기 삼아 당신을 무시하기도 했다. 그러고 나면 딸로서 하지 말아야 할 행동을 했다는 죄책감을 느끼며 힘들게 키워준 부모에게 짜증이나 내는 한심한 인간이라는 자기혐오에 빠지기도 했다.

 지금은 안다, 엄마는 자신이 할 수 있는 최선을 다했다는 것을. 나도 같은 잘못을 저지르며 알게 되었다. 어린 딸아이를 윽박질러 내 욕심대로 내가 옳다고 생각한 방향으로 몰아붙였다. 시간이 흐르며 아이는 행복해 보이지 않았다. 불만스런 표정이 얼굴에 자주 떠올랐다. 머리 숙이고 힘없이 터덜터덜 유치원 가는 발걸음이 무거웠다. 내 어릴 때의 표정과 자세를 닮아 있었다. 이런 아이에게 내가 시킨 대로 하지 않아서 그렇다고 모든 책임을 전가했다. 나 자신의 불안과 화까지 아이 탓으로 돌렸다. 어느새 나도 그렇게 싫어했던 내 엄마와 똑같은 엄마가 되어 있었다.

뭔가 잘못된 것 같았다. 전문적인 조언을 찾기도 하고 스스로를 성찰하였다. 고된 작업이었다. 나 자신을 바꾸면 아이는 절로 바뀔 것이라는 답이 나왔다. 지나친 관심과 사랑이 독이 되었음을 깨달았다. 이것저것 끝없이 더해가는 것보다 하나씩 빼어가는 것이 진정한 사랑이었다. 앞장서서 딸을 끌고 지시하던 나는 뒷자리로 물러나 아이가 가는 대로 조용히 따라갔다. 천천히 자신의 감정과 생각을 정리하여 스스로 결정하도록 아이의 말을 들어주고 기다려주었다. 딸의 숨어 있던 재능이 피어났다. 밝고 명랑한 성격이 살아났다. 10년도 넘어 걸린 듯하다. 사람이 자신을 변화시키고 욕심을 조절하는 것에는 뼈를 깎는 오랜 노력이 필요하다.

엄마가 육아를 했던 시기는 먹고사는 것이 힘든 시기였고 잘 먹여주고 잘 입혀주는 것이 최선이었다. 아이의 성격을 관찰하고 마음을 읽어주는 것이 필요하다는 것을 어떻게 알았겠는가. 넘치는 열정을 자녀에게 모두 쏟아부었는데 그 방향이 틀렸을 뿐이었다. 자신의 생각이 옳다고 믿었으니 밀어붙였을 뿐이었다.

어머니, 당신을 다 바쳐 우리를 키웠는데 당신의 노력과 기대에 미치지 못했습니다. 허무하고 서글펐지요. 생명 하나 보살피는 것이 얼마나 힘든 일인지 이제는 압니다. 네 자녀 뒷바라지하며 참 별일이 많았지요. 당신께 경의를 표합니다. 그래도 어머니가 주신 사랑 덕분에 별 탈 없이 살고 있습니다. 두 아이 무난하게 자라주어 분가하였고 사이좋게 잘 지냅니다. 어떻게 보면 무난하고 평범하게 사는 것은 큰 축복인 듯합니다.

저도 어머니를 닮아 화초를 좋아한답니다. 제가 가꾸는 화초들은 눈에 띄게 기름이 자르르 흐르진 않지만 때가 되면 스스로 화려하게 변신도 해가며 베란다에서 잘 살고 있습니다.

어머니, 당신은 최선을 다하셨습니다. 당신이 줄 수 있는 가장 좋은 음식을 우리 입에 넣어주셨고 당신이 아는 가장 좋은 교육을 시켜 주셨습니다. 당신의 모든 것을 우리에게 주셨습니다. 어머니, 고맙습니다.

물들고 번지며

 물방울을 캔다. 방울방울 떠낸다. 꽃삽 끝 뾰족한 부분으로 작은 모래 웅덩이에서 콩알만 한 동그라미를 정성껏 하나씩 건진다.

 고양이 변기에 깔아주는 모래는 물기가 닿으면 녹으면서 서로 엉겨 굳는 특수모래다. 정상적으로 오줌을 누면 감자만 한 크기의 덩어리가 생긴다. 이 엉긴 것을 꽃삽(고양이 모래 변기에서 변을 떠내는 작은 삽을 나는 이렇게 부른다.)으로 떠내는 것이 고양이 화장실 청소다. 애묘인들 사이에서는 '감자 캐다.'라는 은어를 쓰기도 한다.

우리 집 고양이 뭉치의 요도에 문제가 생겼다. 변기 위에 한참을 앉아 용을 써도 방울방울 떨어뜨릴 뿐 시원하게 일을 보지 못한다. 괜히 애꿎은 모래만 분풀이하듯 파헤쳐 주위 마루가 온통 모래투성이가 되고 사이사이에 오줌 방울들이 축축하다.

몇 방울에 불과하다고 그대로 두면 안 된다. 변기가 지저분하면 집안 아무데나 오줌을 지리기 때문이다. 며칠 전 뭉치가 곳곳에 그리고 이불에 소변을 보아 집안이 고약한 냄새로 가득 찼다. 때마침 비마저 와 빨아 넌 이불이 마르지 않아 혼이 났다. 그 후로 매시간 변기를 들여다보고 한 방울 한 방울 모양 그대로 동그랗게 엉긴 소변을 정성껏 떠내어 주고 있는 것이다. '감자'가 아닌 '물방울'을 캐내는 것이다. 동시에 주위 바닥도 청결하게 화장지와 물티슈로 계속 닦아내 준다. 그래야 다른 장소 아닌 자신의 변기를 찾아든다. 이제는 세면대에 붙은 물방울을 보아도 뭉치 오줌 방울인가 여겨질 정도이다.

여러 날이 되었다. 내 신세가 처량하다. 사람도 아닌 고양이 오줌에 매여 외출도 못 하고 전전긍긍이다. 뭉치는 내가 좋아서 우리 집에 들인 것이 아니라 어쩌다 연이 있어 우리 집에 흘러들었을 뿐이다. 목구멍까지 뭔가 차오른다.

"나가야 한다. 베란다 꽃도 밖을 향하여 목을 빼고 있다."는 글벗의 문장이 절로 생각난다. 주섬주섬 목도리를 두르고 산책을 나온다.

햇살이 좋구나. 또 다른 글벗이 이렇게 말한 적이 있다. "슬픔도 바람에 날리면 바람이 되고 눈물도 바다에 녹이면 바다가 된다."고. 내 시름도 햇살에 말리면 햇살이 될지도 모른다.

낮은 것이 높은 것을 넘보는 계절이다. 땅에 붙은 풀잎들이 반짝인다. 아랫가지에 핀 꽃이 윗가지 꽃을 향해 발돋움을 하며 까불어 댄다. 관목 위로 하얀 풀꽃들이 솟아올라 고개를 치켜든다. 의기양양 우쭐거린다. 없던 것들이 땅속에서 나오고 위로 키를 늘인다. 빨간 줄장미가 해사한 얼굴을 높다란 담 위에 얹고 있다. 낮은 것들이 신을 내고 뽐내는 계절, 봄이다.

길가 벚나무 두 가지가 하나가 되어 있다. 두 가지의 맞닿은 부분이 합해져 한몸이다. 한 가지가 다른 가지를 물어뜯고 있는 것 같기도 하다. 다른 두 가지가 하나가 되면서 아름답게만 합해졌겠는가. 서로 이기려고 싸우고, 화도 내었다가, 당황하기도 하고, 속병도 앓고 그러다 어느 날 깨달았겠지, 이렇게 거부하고 다투다가는 둘 다 혹은 어느 한쪽이 부서질 것이란 것을. 받아들이기로 했겠지. 함께 가기로 했겠지. 꽉 베어 문 가지도 물린 상대 가지도, 문 적 없다는 듯 물린 적 없다는 듯 능청스럽게 하늘로 죽 뻗어 있다. 물어뜯는 것이 아니라 이제는 깊이 포옹을 하고 있는 것인지도 모른다.

진분홍 테두리를 두른 연분홍 철쭉꽃이 아름답다. 드물게 보는 이색 철쭉이다. 분홍 혹은 다홍의 단색 철쭉들 틈에 단연 눈에 뜨인다. 한몸을 이룬 두 색이 서로를 받쳐주어 연분홍도 진분홍도 더욱 고와 보인다. 이들도 처음에는 단색이었을 것이다. 옅은 것이 짙은 것을 받아들이고, 짙은 것이 옅은 것에게 곁을 내어주어 더욱 큰 조화를 이루었다. 힘들게 나의 일부를 죽이고 양보하여 새로이 더욱 아름답게 태어났다. 물들고 번지며 새 몸으로 거듭났다.

 따뜻한 햇살에 시름도 녹아 공기처럼 가볍게 하늘을 날아간다. 바람과 함께 여행하며 세상을 보고 듣고 온 시름이 "아무것도 아닌 걸 가지고, 너도 참. 며칠만 참아." 하며 다시 돌아온다. 뭉치는 여전히 집에 있다. 오늘도 오줌 방울을 흘리고 다니지만 내 마음이 뭉치에게 자리를 내어준다. 꽉 차 올라와 있던 것이 사라졌다. 그래 뭉치야, 우리 같이 가자꾸나.

 길고양이는 햇살이 반짝이는 길을 횡단하고 아이들은 신나게 개와 놀고 있다. 이렇게 여러 목숨들이 섞여 사는 게 세상이려니.

 서로 물들고 번지며….

겹

"여러 겹을 가진 공간이라서 벅찼다 … 여러 겹을 겹쳐 만드는 인쇄용 필름처럼, 접었다 펼쳤다 할 수 있는 부채처럼 겹겹…" 소설가 정세랑이 처음 뉴욕 타임스스퀘어를 대면했을 때의 흥분을 표현한 문장이다. 그녀는 지금 눈에 보이는 한 겹과 그동안 매체에서 접해왔던 겹들, 시간을 거슬러 올라가 마차 시대에 형성된 겹겹을 이야기했다.

나는 책 읽던 것을 멈추었다. '여러 겹을 가진 공간'이란 그녀의 묘사가 나를 잡아끌었다. 눈앞에 펼쳐진 공간에 지나간 무수한 과거가 오버랩됐다는 것이겠지. 우리의 관용구를 인용하자면 '지나간 과거가 머릿속에 주마등처럼 지나갔다.'라는 표현이 적절하겠다. 인쇄용 필름은 본 적이 없으니 와 닿지 않았고 '접었다 펼쳤다 할 수 있는 부채'라는 표현이 확 와 닿았다. 핸드백 속 한구석에 있는 듯 없는 듯 얌전히 끼어 있다가 꺼내어 펼치면 한껏 존재감을 뽐내는 부채, 무더운 한여름 꼭 필요한 쥘부채이다. 공간 자체가 가진 겹에 그녀가 타임스스퀘어에 대해 갖고 있던 생각과 느낌의 겹들이 더해져서, 그녀만의 색채를 지닌 쥘부채가 순간 차르륵 펼쳐졌으리라.

어릴 때부터 스파이영화를 좋아했다. 미국과 러시아의 냉전 시기에 발달한 첩보전에 관한 얘기를 주로 다루었던 스파이영화에는 언제나 거대한 공원이 등장했다. 널따랗고 평평한 공원에는 잎이 무성한 나무들을 배경으로 운동복을 입은 사람들이 조깅을 하고 가지런한 초록 잔디 위에 옷을 벗어던진 사람들이 한가롭게 누워 쉬고 있었다.

당시 우리네 산야는 2차 세계 대전에 이어 6·25전쟁을 치른 후라 초록 나무는 거의 없고 민숭민숭한 붉은 흙이 뒤덮고 있었다. 나무를 심고 보호하기 위해 지정된 식목일에는 산에 가서 작은 묘목을 심기도 하고 송충이를 잡아 빈 병에 집어넣어 선생님께 개수를 검사 맡기도 했었다. '산에 산에 산에다 옷을 입히자/ 메아리가 살게시리 나무를 심자'라는 노래가 곳곳에서 흘러나와 식목을 고취했다. 공원이란 개념이 거의 없었으며 경사진 산에 가야 겨우 나무를 볼 수 있을 때였다. 평평한 평지에 그것도 도시 내에 그렇게 넓은 공원이란 그야말로 신천지였다. 전후 헐벗었던 우리의 산야와 비교되던 공원의 초록이 눈부셨다. 선진국의 자유와 풍요가 초록 공원으로 가슴에 각인되었다.

첩보원들은 주로 공원 벤치에서 만났다. 호수나 바다를 면한 경치 좋은 장소에는 꼭 벤치가 있었다. 검은 코트를 입은 한 남자가 앉아 있는 벤치 다른 끝에, 역시 검은 코트를 멋지게 차려입은 주인공이 앉으며 암호로 서로를 확인한 후 정보를 주고받았다. 수십 년이 지난 지금도 첩보 영화의 공원 벤치는 유효하다. 맷 데이먼이 주인공으로 나오는 스파이물 본 시리즈에도 여전히 등장한다. 언젠가 저 벤치에 가서 앉아 보리라는 희망이 자라났다.

아이들을 다 키워내고 나서 나도 그 벤치에 앉을 수 있었다. 서구 쪽으로의 첫 여행이었다. 밴쿠버 스탠리파크에서 바다를 바라보는 벤치에 앉았다. 헬멧을 쓴 한 여인이 여유롭게 자전거를 타고 있었고 몇몇 아이들이 연을 날리고 있었다. 넓디넓은 공원은 초록으로 넘쳐흘렀고 사람들은 자유롭게 즐기고 있었다. 그 앞으로 끝 간 데 없는 태평양이 푸르게 넘실거렸다. 영화에서 본 그대로였다.

순간 내 안에 겹겹이 접어두었던 부채가 이국의 눈부신 태양 아래 차르륵 펼쳐지며 그만 흥분해버렸다. 눈앞에 보이는 한 겹, 그 공간을 형성한 과거 사건들, 내가 보았던 많은 영화 속 여러 장면들의 겹과 이제야 올 수 있었던 사정의 겹들이 일시에 터져 올랐다.

드디어 내가 영화 속에 들어왔구나. 호수 앞 낡은 나무 벤치, 커다란 나무 밑 검은 철제 벤치, 색깔 화려한 플라스틱 벤치를 보며 나도 얼마나 거기 앉아보고 싶었던가. 진즉 오고 싶었지만 아이들 키우느라 늦추고, 사정상 미룰 수밖에 없었던 얼마나 많은 가정 서사가 있었던가. 겨우 이런저런 상황들이 정리되고 여기에 올 수 있었다.

감개무량했다. 나는 혼자 가만히 벅참을 만끽하며 한참을 앉아 있었다.

겹이라서 그렇게 좋았구나. 그저 꾹꾹 누르며 겹겹이 접어두기만 했던 부채가 완전히 개방된 공간에서 맘껏 태양과 바람을 즐길 수 있어서. 하늘에는 갖가지 모양의 종이연들이 높이 날고 있었다.

모두 꽃이다

꽃이 지천인 오월
이른 아침 일어나
빨래 청소하고 밑반찬도 만들고

흡족한 마음에 지친 몸으로
차 한 잔 할까
아침 햇살 비껴드는 베란다 나가 보니

의자 위에 고양이 뭉치님이 늘어지게 주무신다
먼저 차지한 놈이 임자이니 물러설밖에

하릴없이
제라늄 꽃기린 까라솔 꽃 사진을 찍고
고양이 자는 모습을 밑에 붙여
친구에게 카톡을 보낸다

금방 댓글이 온다
"뭉치도 의자를 화분 삼아
한 송이 꽃이 되었네"
고양이를 꽃으로 보는 그 마음이 꽃이다

따뜻하던 햇살이 뜨거워졌나 보다
뭉치는 어느 결에 내려와
시원한 타일 바닥에 늘어져 있다

오월에는 모두 꽃이 된다

고양이도 친구도

따뜻한 햇살 아래에서

딸아, 고맙다

겸손한 노을이었어. 장엄하지도 화려하지도 않은, 스쳐 지나가 버리기 딱 좋은 무난한 노을이었지. 온 하늘을 물들이지도 않았고, 아름다운 구름무늬가 있지도 않았어. 수평선 바로 위를 낮고 평평하게 흔하디흔한 홍시색으로 물들였지. 지구를 부드럽게 감싸 안아주는 듯했지. 곤히 자는 아이가 애처로워 가만히 들여다보기만 하다 차마 깨우지 못하고 돌아서는 엄마 같기도 했어. 바다 위에 떠 있는 작은 배 한 척가지 완벽한 아침 풍경이었어. 외로우면서도 따뜻했지. 사진 속 아침노을이 곱고 단아하다.

　일출을 보는데 나도 모르게 눈시울이 찌르르하더니 눈물이 고이더구나. 조금 멋쩍어하며 너를 보니 너도 눈시울을 적시고 있더라. 우리 둘은 이제 느끼는 감정선까지도 닮아 가는 듯하네. 얼마 전 노래를 들으며 같이 눈물을 줄줄 흘리지 않았니. 시간이 흐를수록 닮아가는구나. 친구가 그러는데 미소도 비슷하다더라.

　너무나 다른 우리인데 말이다. 너는 사람 좋아하고 낙천적인 외향성, 나는 무뚝뚝하고 주변머리 없는 집순이. 너는 튼실하고 나는 비실비실. 하긴 서로 다르다 보니 보완이 잘 되어서일 수도 있겠다. 외향성 두 사람이 늘 붙어 다니거나 내향성 두 친구가 늘 함께하면 성격이 너무 같아서 오히려 어긋날 수도 있겠다 싶네.

　이번 여행은 정말 좋았어. 근교 바닷가 호텔 1박이란 일정을 들고는 그냥 가볍게 따라갔지, 딸 덕에 호강 한번 하겠구나 하며. 가방 챙길 것도 없이 칫솔과 속옷 하나만 달랑 들고 맘 편하게 갔지. 그런데 사람은 고생할 필요가 있는 것처럼 때로 호강할 필요도 있다는 것을 깨달았어. 깨끗하고 풍경 좋은 호텔에서 일상을 떠나 고요하게 하루 지낸다는 게 참 좋았다. 늘 함께하던 공간이 아닌 색다른 공간에서의 너는 그리고 나는 새로운 사람인 듯했다. 일상의 모든 잡념이 사라진 고즈넉한 장소에서 우리는 많은 이야기를 나누며 온전한 대화를 했지.

외향적이고 늘 새로운 경험을 찾는 너 덕분에 집에만 묻혀 사는 나도 이런 각별한 경험을 하게 되었구나. 엉덩이 무거운 나를 데리고 다녀줘서 고마워.

너는 내 글들을 모아 책도 만들어 주었지. 봄 햇살 아래 꽃들의 향기가 넘쳐나는 아침, 네가 만든 하얀 도자기 그릇에 담긴 오렌지가 달콤하게 유혹하는 식탁에서 네가 말했어. 도자기 수업이 아주 재밌고 책 만들 생각하니 또 너무 "재미지다."고 했어. 반짝이는 눈과 개구쟁이 같은 표정으로 말이야.

직장 생활과 취미 생활을 함께 조화롭게 운영하는 네 모습에 덩달아 내가 행복했다. 거기에 내 책까지 내어주다니. 직접 찍은 사진, 직접 그린 드로잉을 넣어 네가 편집해서 만든 내 책, 아마추어 냄새 가득한 저예산 그 책이 나는 참 좋았어. 우리만의 추억이 다 들어 있으니까. "꽃파라치"라고 책 이름을 붙여주었지. 꽃을 좋아해 비슷비슷한 꽃 사진을 찍고 또 찍는다고 네가 붙여준 내 별명이잖니. 들꽃 가득한 앞표지에 "엄마가 쓰고/ 딸이 만들다"라는 초록색 문장도 넣었지. 엄마 책 직접 만들어 주는 딸이 몇 명이나 있겠니. 엄마로서 딸한테 인정받은 듯해서 얼마나 기쁜지. 정말 고마워.

아, 맞다. 내 작품을 네가 영어로 번역도 해 주었지. '오월을 내려받다'와 '미니식빵', '자작자작 비가 온다.' 하는 첫 문장을 다른 나라 언어로 어떻게 표현할지 몇 날 며칠 고민하던 네 표정이 지금도 떠오른다. '자작자작'이라는 뉘앙스를 전해 줄 알맞은 의성어를 못 찾겠다며 난감해했지. 전문 번역가도 아닌 네가 많은 난관을 무릅쓰고 끝까지 해내더구나. 번역이 얼마나 어려운지, 또 하나의 창작 영역이란 걸 알고 있으므로 더욱 고마웠다. 더할 수 없는 영광이다.

  무난한 직장 잘 다니며 성실한 신랑 만나 아기 낳아 잘 키우고 있는 지금 네 모습이 얼마나 보기 좋고 뿌듯한지 모른다. 큰일 하는 자식은 자랑스럽긴 하지만 보는 부모 마음은 편치 않다. 무거운 책임을 지고 감당해야 하는 것이 얼마나 힘든지를 알기 때문이다.

  건강한 아들 낳아 내가 인생을 다시 한 번 더 살게 해 주어 고맙다. 폭발하듯 성장하여 매일 새로워지는 아기의 오감으로 세상을 대하면 매일 매일이 신세계잖니. 덕분에 나도 순수한 아기가 되어 세상을 다시 사는 듯하다. 밍밍한 분유와 이유식만 먹다가 처음 사과즙을 맛보고는 기쁨으로 온몸을 부르르 떨며 눈이 커다래지던 순간, 내 입안이 새큼달콤해지며 침이 고이더라. 미끄럼틀을 처음 탔을 때 신나하던 함박웃음, 이 세상이 온통 모래뿐인 듯 모래놀이에 잔뜩 몰입한 진지한 얼굴 등, 내가 함께 신나하고 같이 몰입한 듯하여 잊을 수 없는 모습들이다.

평범하게 사는 것이 얼마나 어렵던가. 평범하게 산다는 것은 모나지 않게 산다는 것이고, 모나지 않다는 건 도형으로 그리자면 원을 그리는 것이다. 도와주는 도구 하나 없이 원 하나 그리기가 얼마나 어렵던가. 원 하나 잘 그리면 성공한 인생 아닌가.

그런데, 겨우 그려 놓은 그 원이 슬금슬금 굴러오더니 나까지 굴려준다. 꼼짝 못 하고 박혀 있던 나를. 어느새 내 모도 많이 없어져 굴러가기 시작한다. 내가 너를 키운다고 생각했는데 이제 내가 너를 키우는지 네가 나를 키우는지 헷갈린다. 한 마디로 서로 영향을 주는 가장 좋은 친구인 셈이지.

고맙다, 딸아.

함께 많은 시간 보내주어 고맙고 손주 사랑 느끼게 해 주어 고맙다. 내 인생의 남은 시간을 풍성하고 곱게 채색해주어 참 고맙다.

텅 빈 미술관

 이번 일본 여행에서는 푹 쉬고 오리라고 마음먹었다. 기본 스케줄은 짜가되 얽매이지 않기로 했다. 오늘은 데시마를 보러 가기로 되어 있었다. 섬 전체에 퍼져 있는 예술 작품들을 순회하려면 첫 배로 들어가야 하지만 서두르지 않을 작정이었다. 느긋하게 조식을 먹고 한가로이 바닷바람을 즐긴 후 두 번째 출항하는 배를 탔다. 데시마의 예술품은 볼 수 있는 만큼만 보기로 했다.

배를 내려 데시마를 둘러보니 우리나라 어촌과 흡사했다. 작은 섬에서는 구수하고 비린 갯내가 났다. 관광지가 된 나오시마와 달리 어촌의 포근한 민낯을 그대로 간직하고 있었다. 선창가 낡은 가게에서 자그만 할머니가 끓여주는 소박한 라멘을 먹으면서 마음이 한결 편안해졌다.

데시마에는 섬 재생 프로젝트의 일환으로 2010년부터 수십 개의 예술작품이 설치되었다. 그중에서도 일본의 유명한 건축가 니시자와 류에와 아티스트 나이토 레이에 의해 건립된 데시마아트뮤지엄이 가장 유명하다.

섬 재생 프로젝트는 한때 산업 폐기물 처리장이었던, 시코쿠 가가와현의 나오시마에서 시작되었다. 1980년대 말, 죽어가는 섬을 살리기 위해 지역의 한 기업가가 일본의 세계적인 건축가 안도 다다오와 손잡고 재생 프로젝트를 시작했다. 지금 나오시마는 '예술의 섬'으로 전 세계에 알려져 해마다 수많은 사람이 찾아오고 있다.

데시마아트뮤지엄으로 향하는 버스를 탔다. 잘 정리된 계단식 논과 나무가 무성한 산을 지나갔다. 10분쯤 지나니 눈앞이 확 트이며 멀리 바닷가에 둥근 하얀 건축물 두 개가 땅에 납작하게 붙어있는 광경이 보인다. 우주선 같기도 하고 눌려진 따개비 같기도 했다. 뮤지엄이었다. 잠시 후 뮤지엄은 산에 가려지고 다시 전형적인 시골길이 한참 이어졌다. 드디어 뮤지엄 정류장에 다다랐다.

길이 풍덩 바다로 빠진다. 야트막한 동산과 밭이랑 사이로 나 있는 2차선 도로를 따라 눈길을 보내다 보면 그대로 망망대해에 빠질 듯한 착시가 일어난다. 뮤지엄을 지을 당시 건축가는 이미 이 길도 계획에 넣고 있었을 터이다. 뮤지엄이란 예술 건축물의 열린 현관으로 이 도로를 점찍었던 듯하다. 그런데 사방을 둘러보아도 뮤지엄이 보이지 않는다. 작은 안내판도 하나 보이지 않는다. 요즘의 건물은 스스로의 키를 키우든, 간판을 높이 들어 올리든, 어떻게든 자신을 알리려 하는데, 미술관은 안내판 하나도 없이 어디에 숨어 있는 것일까.

함께 내린 사람들이 두어 명 있어 그들을 따라가기로 했다.

모두 홀로다. 한가롭게 바다를 내려보다 가만히 서서 바닷바람을 느끼기도 하며 바쁠 거 하나 없는 슬로우 모션이다. 하나같이 느리다. 각자의 굴곡진 인생길을 굽이굽이 걷고 있는 그들 하나하나를 예술가는 찬탄하고 위로해 주고 싶었을까. 짙푸른 바다를 향하여 걷고 있는 그들의 등이 빛난다. 홀로 걷고 있는 이들을 가없는 바다가 보듬어준다. 풍경의 일부가 된 그들의 뒷모습이 작품이다. 나도 걸음을 늦춘다.

좁다란 하얀 길이 벼랑가 풀밭을 따라 구불구불 나 있었다. 직선으로 가면 금방일 텐데 엿가락처럼 늘여 빙 둘러놓았다. 풀밭에는 두어 군데 둥그런 짚방석이 놓여 있었고, 그 옆에는 아기 손톱만 한 풀꽃들이 피어 있었다. 풀꽃과 섬의 바람에게 온갖 아픔과 잡념은 다 건네주고 오라는 예술가의 의도인가 보았다.

동굴처럼 생긴 입구가 나타났다. 텅 비어 있었다. 안에는

텅 빈 미술관

그림도 조각도 없었다. 위에서 둥그렇게 내려온 하얀 구조물은 곡선 그대로 바닥까지 이어져, 천장과 벽의 경계가 없었다. 저쪽 천장이 타원형으로 뻥 뚫려 나무와 하늘이 보였고 그리로 빛과 바람이 들어왔다. 유리 테이프처럼 좁고 기다란 반투명 끈의 양 끝이, 뚫린 지붕 두 지점에 붙어 있어 바람결에 가볍게 흔들리고 있었다. 안과 밖, 자연과 인간의 경계가 허물어졌다. 먼저 입장한 관람객 네댓 명이 옅은 그림자를 드리우고 가만히 서 있었다.

빛이 들어오는 쪽으로 서서히 다가갔다. 건물 위 활엽수의 잔잔한 나뭇잎 사이로 습기 찬 섬 바람이 거칠게 달려간다. 열린 지붕으로 바람이 '쑤아' 밀려 들어온다. 밖에서 듣던 소리와는 또 달리 심장에 더욱 강렬하게 부딪는다.

바람결이 잦아든다. 지붕에 붙은 끈이 꿈결같이 우아하게 날린다. 영화 〈아메리칸 뷰티〉에서 보았던 장면이 겹쳐진다. 검정 비닐봉지가 바람에 실려 공터를 한들한들 날아다녔다. 버려진 비닐봉지가 음악에 맞추어 춤을 추던 풍경이 내 마음에 남아 있다. 보잘것없는 끈이 마치 실크 스카프처럼 아름답게 하늘거린다. 나도 끈이 되어 바람결에 나부끼는 듯하다. 미련이나 집착에서 해방되어 이렇게 가볍고 은은하게 남은 생을 춤출 수 있을 듯도 하다.

아래쪽을 보았다. 손가락만 한, 손바닥만 한 혹은 손톱만 한 크고 작은 물덩이들이 시멘트 바닥에 붙어 있었다. 가만히 있는 것이 아니라 생물이기나 한 듯 슬금슬금 움직이고 있었다. 바닥 군데군데 바늘구멍만 한 틈이 나 있었고, 거기서 물방울이 봉긋 올라왔다. 바닥에 붙어 있는 조그만 플라스틱 구슬에서도 물방울이 솟아 나왔다.

물방울은 합쳐져 물덩이를 만들어 잠시 머무르기도 한다. 더 커지면 스스로의 무게로 주르르 흘러 분리되기도 한다. 작은 물덩이가 쪼르륵 뱀처럼 꼬리를 흔들며 흘러내린다. 합쳐졌다 분리되기를 거듭한 물들이 낮은 웅덩이를 만든다. 경이롭다. 가만히 보고 있으려니 첫 생명체가 태어나는 태초의 시간을 보는 듯도 하고 이합집산을 거듭하며 무언가를 이루어가는 인간 세상을 보는 듯도 하다.

텅 빈 미술관은 충만하다. 절로 말이 없어지고 조심조심 걷게 된다. 어쩌면 나 자신이 작품의 일부인 것 같기도 하다. 바람이 넘나들고 물방울의 끊임없는 움직임으로 가득하다. 있다 없다는 단어가 무의미해진다. 굳이 비울 필요가 채울 필요가 없는지도 모르겠다. 절로 비고 절로 차는 것이 아닐까. 오는 이 막지 않고, 가는 이 잡지 않는다는 경계가 이것일까. 바람의 파도가 보이고 웅덩이의 바람 소리가 들렸다.

큰 기대가 없었다. 많은 정보를 접하고 온 탓인지 나오시마에서는 그리 큰 감동이 없었다. 섬의 아름다운 경치를 살리기 위해 땅속에 지은 안도 다다오의 건축물이 어느 정도 마음에 닿았다고 할까. 그랬는데 한 작품만 대한 데시마에서 이번 여행의 보상은 충분히 받은 듯했다. 섬과 미술관 건물과 예술작품이 분리된 것이 아니라 혼연일체였다. 그 자리에는 그 미술관이, 그 미술관 안에는 그 작품이 있어야만 했다.

작품 하나 보는 것만으로 하루 내내 충만했다. 예정과 달리 데시마 미술관에서 하루를 보내고 숙소로 돌아왔다. 천천히 저녁을 먹었다.

  건축물은 사람을 담는 그릇이다. 지붕이 커다란 타원형으로 뻥 뚫린 '사람그릇'은 무엇을 말하고 싶은 걸까. 머무는 듯 움직이고, 분리되는 듯 합쳐지던 물방울들이 하고 싶은 이야기는 무엇일까. 그들은 이런 말을 속삭이고 있지는 않을까.
  "너와 나 모두 대자연의 아이들이야. 우리 하나하나가 다 소중한 예술작품이지."
  내 가슴 어딘가에 쪼르륵 물방울이 고랑을 튼다.

선생님보다 후생님

아들 결혼 후 첫 어버이날이었다. 아들만 왔다. 결혼하면 바늘 가는 데 실 가듯 부부가 꼭 붙어 다녀야 하는 줄 알았는데…. 난 아빠가 본가에 갈 때마다 당연히 함께 갔는데 왜 며느리는 안 오고 너만 왔냐고 섭섭해했다. 당당하게 혼자 왔던 아들은 살짝 당황하며 다음에는 함께 오겠다고 하였다. 다음해에는 둘이 함께 왔다. 혹시 또 혼자 오려나 하고 신경 쓰던 나는 마음이 놓였다.

아들 내외가 내 말을 따라주니 고마웠고 첫해에 왜 혼자 왔을까 생각해 볼 마음의 여유를 갖게 되었다. 상식이 있는 아이들이 그런 행동을 했을 때는 그만한 이유가 있었을 것이었다. 어버이날이란 키워준 어버이에게 감사를 표하는 날인데 내가 우리 며느리 자라는데 기여한 것이 무엇이 있나. 하나도 없다. 그러니 아들은 나한테, 며느리는 친정에 가는 것이 맞다, 라는 결론이 나왔다. 세 번째 해에 아들 내외가 왔을 때 나는 이제부터 어버이날에는 아들만 와도 된다고 선포하였다.

막상 아들만 오니 더 좋았다. 못 본 동안 있었던 사소한 일들과 떠오르는 옛 추억을 함께 식사하며 나누다 보니 오붓하게 정다웠다. 며느리에게서 '어머님, 오빠를 훌륭하게 키워주셔서 감사합니다.'라는 문자가 왔다. 아들 내외와의 관계가 더욱 편안해지고 돈독해졌다.

이번 어버이날에도 당연히 아들만 오는 줄 알고 있었는데 며느리, 손녀까지 온 가족이 다 와 주니 또 더욱 반가웠다. 혼자 오면 혼자 와서 좋았고, 함께 오면 함께 와서 좋았다. 서로 존중해주면 억지로 몸만 오가는 것이 아니라 마음이 오가게 되나 보다. 아들의 생각을 인정해주니 더 좋은 사이로 발전하였다.

　아들은 한 달에 두 번 정도 집에 온다. 한 번은 온 가족이 오고 또 한 번은 혼자 온다. 결혼 전에는 한집에 살아도 단둘이서 이야기해 본 적이 없는 듯하다. 나도 아들도 말이 없는 사람들이었던 데다, 각자 바빠 나는 내 일을 저는 제 일을 하였다. 그러다 결혼 후 오히려 둘만의 시간을 가지고 이런저런 이야기를 주고받는 재미가 쏠쏠했다.

　아들이 참 현명하다. 주장도 할 줄 알지만 또 기존 세대의 관습에 양보할 줄도 안다. 자식에게서 배운다.

　부모는 먼저 태어났고 자녀는 나중에 태어났다. 넓게 보면 부모는 선생先生님, 자녀는 후생後生님이다. 선생님이란 말은 흔하다. 말 그대로 해석해 보면 먼저 태어난 분을 뜻한다. 현실에서는 가르침을 받아 존경하는 분께 선생님이라 칭하고 어중간한 관계에서 마땅한 호칭이 찾아지지 않을 때 두루뭉술하게 붙이는 것도 선생님이다. 이렇게 넓게 쓰이는 선생님에 비해 후생님이란 말은 아예 사전에도 없다. 후생이란 단어는 있다. '후생을 양성하다.'에서 보듯 제자라는 뜻으로 가끔 쓰일 뿐, 거의 사라진 단어이다.

앞으로 후생님이란 단어를 생활화해야 할 듯하다. 먼저 태어난 우리가 젊은이들에게 많이 배우고 도움받아야 하기 때문이다. 예전에는 몇백 년이 지나도 문화, 언어 등 생활상이 바뀌지 않고 그대로였다. 그러니 먼저 태어난 이들의 지혜가 중요했지만 요즘은 다르다. 과학의 발전으로 급변하는 세상에서 우리가 도움 받아야 할 것이 좀 많은가 말이다. 쇼핑에서 관공서 일까지 그들의 손을 빌리고 있는 요즘이다. 그들을 존중하고 배워야 하는 것이 당연하지 않은가. 앞으로의 세상은 후생님의 것이다. 관습, 도덕규범도 조금씩 바뀌어야 하리라. 전통을 지켜야 하나 시대에 맞게 변화해갈 줄 아는 전통이라야 살아남는다고 한다. 고집불통 전통은 외면받다가 결국은 사라질 뿐이다.

얼마 전 아들이 나에게 이벤트를 해 주었다. 벚꽃이 만개한 날 바다 전망이 아름다운 호텔 애프터눈 티에 초대해 준 것이다. 테이블이 화사했다. 차는 향기로웠고 빨간 딸기 주제로 만든 3단 트레이에 예쁘고 맛있는 빵과 후식들이 화려하게 포진해 있었다. 초등학교에 입학한 손녀 이야기랑 가족 여행한 이야기도 들려주고 전번에 자신이 말을 잘못했다며 사과도 하였다. 그 말에 서운했다고 한 내 말을 잊지 않고 이벤트를 마련했나 보았다. 귀한 시간 내어 자리를 마련해 주어 고마웠다. 딸도 아닌 아들이 이런 섬세한 이벤트를 준비하리라고 생각 못 하고 있었기에 더욱 기뻤다. 며느리가 남편을 위해 주선해 주었을 수도 있겠다. 며늘아, 뜻깊은 시간을 만들어줘서 고마워.

나는 이렇게 부모님께 이벤트를 마련해서 제대로 사과한 적이 있었나. 깊이 반성이 된다. 내가 아들 나이 때 어떠했나 돌이켜 생각해본다. 훨씬 미성숙했고 사리 분별이 많이 부족했다.

  나보다 낫다. 젊은이에게 배워야겠다. 그러니 "선생님보다 후생님"이 맞지 않은가.

답
- '밥에 대한 소고'를 읽고

저자는 설을 맞아 귀향한 아들 삼 형제와 식탁에 둘러앉는다. "사랑하는 사람들과의 식사는 참으로 좋다. 어머니의 밥 한 끼는 험한 세상과 맞설 힘을 줄 것이다."라며 가족이 함께하는 밥 한 끼의 힘에 대해 이야기한다. 밥을 별생각 없이 소비하고 습관적으로 낭비하는 현대의 대중들에게 그 가치를 일깨운다.

"밥은 생존의 도구이자 생명의 원천이다. 우리에게 생명을 주는 존재라는 점에서 땅과 어머니와 밥은 같다."

또 그는 청나라 학자의 글과 논어를 인용하여 소중한 밥을 맛있게 제대로 먹는 법을 일러주며 성철스님의 말씀과 성서를 빌어 밥은 생명이요, 신성한 존재라는 것을 갈파한다. 무릇 인간이 밥에 대해 가져야 할 자세로서 정답과 같은 글이다. 아마도 그는 아들들에게 "깊은 염려가 담긴 격려로 세상을 이겨나갈 힘"을 주는 그런 좋은 아버지인 듯하다.

이 글은 대부분이 직접적인 교훈과 묵직한 인용으로 이루어져 있다. 읽으며 참 옳은 말씀이고 맞는 말씀인데 조금 지루하단 생각을 했다. 한 치 어긋남이 없는 모범생 같달까. 쓴 약을 당의정으로 만들어 먹이면 더욱 효과적이지 않을까.

설날 온 가족이 모여 앉아 밥을 먹으며 생긴 즐거운 에피소드를 서술하거나 하얀 김이 오르며 구수한 밥 냄새를 피워 올리는 장면을 생생하게 그려내었으면 하는 아쉬움이 있다. 인간은 타인의 경험을 재미있게 이야기로 들으며 그 속에 숨어있는 교훈을 더욱 잘 깨닫고, 우리의 오감에 호소하는 묘사에 문득 감동하는 존재이다. 밥의 신성성을 느끼게 된 구체적 체험을 들려주거나, 독자가 스스로 공감하고 전율할 수 있도록 하는 묘사가 있으면 좋겠다.

공자 왈 맹자 왈 보다는 조금 더 가벼운 인용도 한 방법일 듯하다. 가벼움 안에 무거움을 감지할 수 있었으면 좋겠다. 위트 있는 시나 소설의 한 구절도 좋을 듯하다. 웹툰이 왜 인기 있고 웹툰을 각색하여 만든 드라마들의 시청률이 왜 속속 상한가를 치겠는가. 가볍고 재미있지만, 그 안에 숨어 있는 무거운 주제가 사람들의 가슴을 때리기 때문이 아니겠는가.

"밥은 삶이다."라는 결미를 좀 더 신선하고 힘 있는 결미로 바꾸었으면 어떨는지. 너무 당연해서 김이 새는 문장이다.

이 글은 인간이 밥에 대해 가져야 할 자세로서 '정답'과 같은 존경할 만한 글인 동시에, 그럼에도 불구하고 어쩐지 '답답'해지는 글이었다. 그래서 '정답'의 '답'과 '답답'의 '답'을 따서 '답'이라는 한 글자로 정의하고자 한다.

울루루

별이 총총한 새벽하늘 아래 검은 잡초 덤불을 뚫고 지나간다. 만물이 살아나기 시작하는 시각이다. 서늘한 공기 중에 팽팽한 긴장이 느껴진다. 세상의 작은 풀잎 하나, 떠도는 먼지 하나에도 각각의 정령이 실제로 있을 것 같기도 한다. 떠나기 전 마지막으로 울루루의 아침노을을 한 번 더 보기 위해 전망대로 가고 있는 중이다.

호주 심슨 사막 가운데 커다란 붉은색 바위 하나가 땅 위에 우뚝 솟아 있다. 에어즈락이라고도 불리는 울루루Uluru는 지상에 태어난 지 4억에서 6억 년이 되었다. 지역 원주민들이 세상의 배꼽이라 칭하는, 전 세계에서 제일 큰 바위다. 그들은 이 바위가 세상의 중심이라 여겨 신성시하였다. 모래흙이 날리는 바람과 마른 잡초 덤불, 막대기 같은 나무들에 둘러싸여 있다. 울루루는 하루에도 여러 차례 얼굴을 바꾼다. 시간과 날씨에 따라 바뀌는 바위색의 신비함 때문에 울루루를 찾는 이들이 전 세계에서 몰려오는 곳이다.

낮은 구릉 위 전망대에 선다. 사방이 밝아오며 동쪽이 붉어진다. 붉은 노을을 바탕으로 검은 나뭇가지가 바람에 흔들린다. 별이 사라지기 시작한다. 하늘 중앙에 푸른 기운이 감돌고 붉은 기운이 가시면서 사물의 경계가 나타난다. 나뭇잎 하나하나가 은은하게 모습을 드러낸다. 새 한 마리가 선창을 하니 순식간에 여기저기서 새들이 아침을 지키는 별처럼 노래한다. 어둡던 울루루가 점점 오렌지색을 띤다. 첫 새가 푸르르 날고 울루루 위를 지키고 있던 구름도 서서히 움직이기 시작한다.

동쪽 하늘이 더할 수 없이 붉어진다. 둥근 해가 솟는다. 울루루도 타는 듯 붉어진다. 자줏빛이 되었다가 초콜릿색으로 변한다. 구름 모자를 쓴 울루루가 격식을 갖추어서 나에게 경례를 한다. 나는 지금 태양 조명이 비추는 지구라는 무대 가운데 서 있다. 내가 세상의 주인공이다.

붓다가 태어나자마자 북쪽으로 일곱 걸음 걷고 나서 말했다는 '천상천하 유아독존'이 머리를 친다. 나의 존귀함과 동시에 세상 만물의 존귀함을 깨닫는 순간이다. 태양은 나를 비추고 너를 비추고 세상 만물을 비춘다. 모든 것 하나하나가 세상의 중심이다. 나만 혹은 너만이 중심이 아니라 각자가 모두 중심임을 알 것. 귀한 존재와 하찮은 존재가 따로 없고, 높은 이도 낮은 이도 없다. 2차원인 원에는 중심점이 있으나 3차원인 구의 표면에는 중심이 따로 없다. 모든 부분이 중심이다. 지구라는 구의 표면에 사는 우리에게는 나를 포함한 세상 모든 것이 중심이다. 지구에 존재하는 모든 생명과 서로 존중하고 협조하여 함께 가야겠다.

　얇은 구름들이 낮게 깔리며 그 사이로 울루루가 그윽하게 보인다. 얇고 보드라운 실크 스카프를 수천 장 겹겹이 두른 듯하다. 검기만 하던 만물이 태양에게서 색깔을 하사받는다. 울루루부터 붉어지고 이를 시작으로 빛이 조금씩 내려온다. 나무우듬지가 갈색을 부여받고 잿빛 풀이 푸른 기운을 갖춘다. 드디어 땅도 붉은색을 드러낸다.

　따뜻한 햇볕을 등에 받으며 돌아온다. 내 키의 몇 배나 되는 길고 커다란 그림자가 나를 숙소로 인도한다. 힘들고 지칠 때면 내 속의 또 다른 내가 깨어나 나를 인도할 것이라고 일러주는 듯하다.

　원주민 전통 관악기인 디저리두가 울린다. 멜로디도 없이 단조롭게 반복되는 시원의 소리에 나도 모르게 빠져든다. 마치 끊임없이 이는 파도에 내 몸을 맡기듯.

4부

화인花印
묘박지
마켓움
봄이다
창이 있는 미술관
뮤지엄 산
가덕도
부산의 근대건축물
비 온 후
이바구길

화인 花印

　이기대 근처에 아름답게 꽃을 가꾸어 놓은 암자가 있다는 말을 들은 지가 꽤 되었다. 가봐야지 하고 벼르기만 하다가 한가한 날 아침에 드디어 나선 참이다.
　동백꽃이 붉게 피어 있는 이기대 공원로를 따라 허위허위 올라간다. 한창이던 벚꽃은 이제 끝물이다. 동백꽃이 토해낸 핏덩이로 길바닥이 온통 붉다. 큰고개쉼터에서 방향을 틀어 좁은 흙길을 내려간다. 양옆이 온통 잡목으로 들어찬 오솔길이 제법 가파르다. 나무들로 가려진 저쪽에 기와지붕 끄트머리가 드러난다. 숨겨진 선경인가. 나뭇잎 사이로 울긋불긋한 색깔들이 화사하다. 그 암자인가 보다.

커다란 벚나무 아래를 지난다. 산속 온도가 낮아서인지 아직 벚꽃이 제법 남아 있다. 연분홍 꽃잎 하나가 소리 없이 내려와 내 두 눈썹 중간 지점을 슬쩍 누르고 다시 하늘하늘 날아간다. 벚나무 수문장이 선경으로의 입장을 허하는 꽃도장을 찍어준다.

곱게 잔디가 깔린 널따란 정원에 사람 하나 없다. 아침 햇살만 고요하다. 2층집만치나 키가 큰 자목련이 흐드러지게 피어 있고 색색의 온갖 꽃나무들이 잔디밭을 둘러 어우러져 있다. 정원 안쪽에 조그만 사찰이 소박하게 그러나 정갈하게 앉아있다. 대웅전 앞에서 부처님께 합장을 드리고 조심스럽게 정원에 발을 들인다.

흐드러진 자목련의 오묘한 색과 유려한 곡선에 감탄하고 굽은 벚나무 가지의 우아한 자태에 탄복하며 이리저리 거닌다. 복숭아꽃을 닮았으면서 더욱 단아하고 벚꽃을 닮았으면서 한결 품위 있는 꽃나무가 눈길을 끈다. 무슨 나무인가. 궁금하여 이리저리 기억을 더듬어 보지만 알 도리가 없다.

한쪽 귀퉁이에 하얀 마거리트가 가득 피어 있다. 이렇게 맑고 정결한 기운을 피워낸 봄에 경배를 드리며 무릎을 꿇고 앉아 가만히 들여다본다.

자박자박 발소리가 들리더니 곁에서 말소리가 난다. "밖에서 겨울을 난 거야." 중년의 자그마한 비구니 스님이시다. 챙이 큰 모자 밑으로 건강하게 그을린 피부가 언뜻 드러난다. 꽃 키우는 스님이시구나. 저 여린 마거리트를 작년에 심어놓고 겨울 추위를 견딜까 노심초사하셨을 것이다. 언 땅을 뚫고 올라온 새싹이 잘 자라 꽃 피울 때까지 하루에도 몇 번씩 들여다보며 돌보았을 것이다. 그러니 하얀 꽃봉오리가 올라왔을 때 얼마나 대견하고 감사하셨을 것인가. 말씀에서 꽃에 대한 사랑과 자부심이 함께 묻어난다.

함박꽃을 가리키며 모란과의 차이도 일러주셨다. 함박꽃

과 모란은 비슷하게 생겼지만 함박꽃은 줄기가 연한 풀이며 모란은 줄기가 단단한 목질인 나무라고 했다. 내가 궁금해했던 나무 이름이 복숭아과에 속하는 '남경도'라는 말씀도 해주셨다. 이름도 생경한 그 나무를 묘목에서부터 25년간 키우셨단다. 스님 말씀을 듣다 보니 한 잎 한 잎 뚝뚝 지고 있는 자목련도 서글퍼 보이지 않고 행복해 보인다. 이렇게 꽃들을 하나하나 잘 알고 돌봐주는 스님의 정원에 자리한 꽃들이 복되어 보이기만 한다.

　암자 아래로 작은 계곡물이 반짝이며 돌아 나가고 새들이 높게 낮게 짹짹거린다. 곱게 피어있는 분홍 목해당화에 햇살이 빛나고 대나무가 사륵사륵 잎을 비빈다. 정체를 알 수 없는 꽃향기가 기분 좋게 코끝을 스친다. 산들바람에 나비와 벚꽃잎이 함께 춤을 춘다.

　평화롭고 조화롭다. 꽃들은 타고난 대로 생긴 대로 최선을 다해 스스로 피워 낸다. 더 큰 꽃을 질투하거나 이웃 꽃의 다른 색깔과 모양을 간섭하지 않는다. 그냥 자신의 몫을 묵묵히 피워 올릴 뿐이다. 각 꽃이 제 모습대로 꽃 피울 때, 이곳이 바로 선경이다.

나도 내 모습대로 살면 되겠구나. 남 따라 이리저리 흔들리지 말고, 잠시 흔들리더라도 다시 내 길을 찾아야 하는 거구나. 산다는 게 내 나름의 내 것을 찾아가는 여정 아닌가.

돌아 나오는 길이다. 편편한 바위 위에 꼬마 스님들이 옹기종기 모여 햇살을 쬔다. 달걀같이 머리가 민숭한, 달걀만 한 크기의 동자승 인형들이다. 해맑게 피리 부는 동자승, 반쯤 드러누워 치켜든 발에 염주를 걸어 장난치는 동자승, 책을 이고 꿇어앉아 벌서는 동자승…. 다양한 포즈를 취한 아기 부처들이 한가득하다. 스님도 천진하기만 한 이들을 보며 엄격하고 답답한 계율을 잠시 잊을 것이다. 누워 있는 동자승의 볼록하게 드러난 배를 맑은 동백 꽃잎 하나가 이불처럼 덮고 있다.

잠시 머문 시간이 꿈속 같다.

벚나무 수문장이 이마에 화인花印을 찍어준 이유를 알겠

다. 벚꽃잎 도장을 꾹 누르는 순간 입장을 허가한 동시에 혜안을 열어준 것이다. 두 눈썹 중간 지점은 인도 여인들이 빈디라는 둥근 점을 찍는 자리로써 그 점은 직관과 영적 능력을 높여준다. 사찰에 머무는 동안만이라도 제3의 눈 즉 직관의 눈을 허락받은 것이다.

어울려 핀 꽃들을 돌아보며 조화롭게 살아가는 모습이 어떤 것인지를 볼 수 있었다. 평화란, 우리 모두가 남이 아닌 내 모습을 찾아내 길을 충실히 걸어가는 것이라는 것을 깨쳤다. 규모가 큰 식물원에서도 유명한 꽃 전시회에서도 깨닫지 못했던 것을 이 작은 암자에서 깨우쳤다. 화인花印 덕분이 아니면 무엇이랴.

다시 찾아오리란 예감이 든다. 어떤 영감이나 지혜가 필요할 때, 갈망으로 정신이 혼곤하거나 세상의 참견으로 심신이 미약할 때, 내 길이 까무룩하게 보이지 않을 때….

묘박지

낮은 집 앞 골목길에 상추와 배추, 파 등 초록 야채들이 네모난 플라스틱 화분에서 자라고 있었고, 고양이랑 개들이 곳곳에 느긋하니 졸거나 어슬렁거렸다. 색 바랜 청바지, 낡은 속옷들이 파란 하늘을 배경으로 빨랫줄에 걸려 있었고, 두툼하게 속이 든 꽃무늬 버선이 희게 페인트칠 된 벽에 얹혀 있었다. 색색의 나물에 계란프라이를 비벼 먹은 엊저녁 비빔밥처럼 사람살이에 필요한 온갖 것들이 섞여 있었다. 생활이 어우러지는 섬마을 골목길, 정겨웠다.

절벽 밑 절영로 해안길 앞에는 누군가 고사를 드리나 보았다. 셀카봉을 쭉 내밀고 사진 찍을 각도를 찾고 있는 관광객 사이로 목탁 소리와 징 소리가 섞여 바람에 실려 왔다. 매화가 하얗게 만발해 있었다. 바람도 없고 햇볕이 잘 드는 곳이라 다른 데보다 빨리 피나 보았다. 문득 풍경 소리와 함께 웃음소리가 가볍게 날아든다. 관광지로 유명해진 영도 흰여울문화마을에 왔다. 따뜻한 햇살에 빛나는 마을은 관광지이기에 앞서 사람 사는 곳이었다.

마을 앞 푸른 바다에는 윤슬이 반짝였다. 잔잔한 바다 위에 크고 작은 배들이 평화롭게 정박해 있었다. 드넓은 해수면에 선박들이 널찍널찍 공간을 확보하고 사이좋게 이웃해 서 있었다. 묘박지였다.

묘박지錨泊地는 배가 닻을 내려 정박하는 장소를 말한다. 선박 주차장인 셈이다. 넓은 수면적, 깊은 수심, 잔잔한 수면, 닻이 걸리기 쉬운 지질 등의 조건이 필요하다. 수시로 배가 오가는 항로와는 떨어져 있어야 한다. 새해 0시에는 정박해 있는 모든 배들이 일제히 고동을 울린다고 했다. 앞 바다는 배들의 안전한 묘박지이고 흰여울 마을은 또 주민들의 좋은 묘박지인 셈이다.

  가끔 깊은 밤 아이들이 어지러이 벗어 던져 놓은 신발짝들을 정리했다. 흩어진 신발짝을 맞춰 집안으로 향해 있던 앞머리가 밖을 향하도록 돌려서 다른 신과 나란히 놓았다. 어느 날 신발 머리를 거꾸로 돌리는 순간이었다. 낮에 읽었던 시구가 내 머리를 쳤다.

    사랑한다는 것으로

    새의 날개를 꺾어

    너의 곁에 두려하지 말고

    가슴에 작은 보금자리를 만들어

    종일 지친 날개를

쉬고 다시 날아갈

힘을 줄 수 있어야 하리라

- 서정윤의 〈사랑한다는 것으로〉

  엄마의 역할은 아이들이 푹 쉬게 해 주는 것이지 간섭하고 잔소리하는 것이 아니야. 내 소명은 아이들이 꿈을 펼치려 밖으로 나아갈 때까지 잠시 돌보는 것일 뿐 그들을 구속하여 발목을 붙잡으면 안 돼 하고 되뇌었다.

  나는 과연 아이들에게 좋은 묘박지가 되었을까. 아이들이 힘들었던 하루를 집에 와서 충분히 쉬며 기운을 회복하여 다음날 아침 힘차게 밖으로 나갈 수 있게 하는 그런 엄마였나. 아이들의 좋은 휴식처가 될 만큼 나는 잔잔하고 넓고 깊은 그릇이었나. 오히려 나 자신이 자주 요동치고 불안해하는 얕은 인격이었던 듯하다. 그들이 닻을 내려 걸 수 있도록 따뜻하고 다정한 사람이었나. 휴우 한숨이 나온다. 그렇지 못했음을 스스로 잘 알기 때문이다.

한 켤레를 바로 놓을 때마다 아이들을 떠나보내는 연습을 하는 셈이었다. 깨끗해진 현관에는 갖가지 신발들이 편안하게 쉬었고 방에는 아이들이 한창 꿈나라에 가 있었다.

지금 현관의 모습은 그때와는 또 다르다. 커다란 손주 유모차가 떡하니 한 자리 차지하고 그 옆에는 늙은 내가 앉아 편히 신을 신을 수 있도록 작은 의자도 하나 벽 쪽에 붙어있다. 이제는 성인이 된 아이들이 손주들의 묘박지이다. 그들이 나보다 더 나은 바람직한 묘박지가 되어주길 소망해 본다.

마켓움

  선반 문을 열 때마다 달랑거린다. 500원짜리 동전만 한 파란 유리 조각이다. 하늘을 관찰해 보면, 저녁에 해가 진 후 하늘이 아주 짙은 파랑으로 물들 때가 있다. 형언할 수 없는 동경심을 불러일으켜 빨려들어 갈 것 같기도 하다. 바로 그 파랑이다. 내가 제일 좋아하는 색이다.

  노끈에 묶여 있는 파란 조각을 싱크대 윗 선반 손잡이에 걸어두었더니 그릇 꺼낼 때마다 이렇게 달랑거린다. 나도 모르게 미소가 어린다. 그녀의 짜랑거리던 웃음이 생각나서이다. 이렇게 기쁜데 어떻게 웃지 않을 수가 있느냐는 그런 웃음이었다.

  오늘 아침, 봄비를 맞으며 수영구 F1963 주차장에서 열린 문화시장 '마켓움market Ooom'에 갔다. 그녀는 간이 매대에서 유리 공예 작품을 팔고 있었다. 내가 산 유리 수저받침을 쇼핑백에 넣더니, 책상 한옆에 놓인 상자를 뒤적여 파랗고 동그란 유리 조각을 꺼내었다. 유리 조각에 난 작은 구멍에는 노끈이 묶여 있었다. 그 노끈을 쇼핑백 손잡이에 묶어 길게 늘여 파란 조각을 장식해주었다. 내가 좋아하는 색이네. 내 말에 그녀는 환하게 정말 기쁜 듯 짧게 소리 내어 웃었다.

  동행과 함께 재활용 인형 만들기 수업에 참여하였다. 막상 가보니 다른 신청자들은 부모 손에 이끌려온 아이들이었다. 우리도 동심으로 돌아가 함께 작업을 시작하였다. 젊은 여자 인형 공예가가 입을 여는 순간 걱정이 되었다. 입에서 나오는 언어가 일본어였던 것이다. 그러나 걱정은 잠깐, 그녀가 보여주는 동작을 따라 하니 별문제가 없었다. 선생님은 일본어로, 우리는 한국어로 말하면서도 발짓과 손짓을 병행하니 신통하게 서로 알아들을 수 있었다.

목 부분을 잘라낸 헌 양말 앞부분에 볼록하게 솜을 가득 넣으니 얼굴이 되었다. 길쭉한 두 귀도 자투리천에 솜을 넣어 바느질해 붙였다. 색색의 단추로 눈과 코를 붙이고 구멍 난 펠트천으로 네모 입을 오려 붙였다. 로봇을 닮은 인형이 되었다. 동행은 인조 모피를 두르고 리본도 달아 개성 있는 아가씨를 창조하였다. 몰두하여 작품을 완성하고 나니 투박하고 엉성하지만 뿌듯하기 이를 데 없었다. 각자의 작품을 자랑스럽게 들고 선생님과 함께 사진을 찍었다.

옆에는 일본 일러스트 작가가 손수 그린 그림엽서를 늘어놓고 팔고 있었다. 판다기보다 놀러 온 듯하였다. 한가롭게 여기저기 구경 다니다가 내게 다가와 친근하게 이야기를 건네었다. 알아듣지도 못하는 자기 나라 말로 말이다. 꼭 알아듣지 못하더라도 괜찮다는 분위기였다. 느낌이 중요했다. 글로벌 시대가 실감났다.

　우산과 파우치, 문구용품을 파는 매대가 있었다. ○○대학 시각디자인학과 학생들이었다. 그들이 미술지도 봉사를 했던 불우아동의 작품을 상품화하여 판매하였다. 판매 수익은 아이들 자립을 돕는 데에 쓴다고 하였다. 저쪽 벽에는 커다란 돌고래가 꿈틀거리며 바다를 가르고 있었다. 뿔이 멋진 사슴, 갈기가 휘날리는 유니콘도 있었다. 종이접기 공예였다. 우리 집 거실 벽에 돌고래 한 마리 붙이고 싶기도 했다.

　북적이는 시장을 이리 기웃 저리 기웃 구경 다녔다. 멋진 진열 솜씨가 설치미술 같기도 했다. 가구, 그릇, 막걸리, 젓갈까지 없는 것 없이 다 있었다. 평소 맛있다고 소문난 맛집, 감각적인 생활소품을 판매하는 가게, 지역 예술가의 예술작품을 한자리에서 접할 수 있었다.

　'마켓움'은 기존 시장의 이미지를 깨는 색다르고 즐거운 시장이었다. 나눔, 배움, 지움(지어올림)을 더하고 새로움이 움트

길 바란다는 뜻의 플리마켓 '마켓움'이다. 부산에도 보고 즐길 거리가 다양한 플리마켓이 있으면 좋겠다는 바람으로 기획자가 지인들과 파티처럼 시작한 일이라고 하였다. 지금은 계절이 바뀔 때마다 주말 이틀간 개최한다. 플리마켓flea market 즉 벼룩시장은 원래 중고 물품을 사고팔거나 교환하는 장터를 뜻한다. 하지만 최근에는 공예가와 미술작가들이 자유롭게 작품을 선보이고, 사람들과 소통하는 하나의 문화공간으로 자리 잡았다.

다양하고 특색 있는 일백여 점포가 입점하여 개최 장소인 주차장 건물 4층까지 꽉 차 있었다. 자신의 작품에 대한 깐깐함과 자존감을 지닌 예술가들이었다. 판매자는 직접 만든 작품들을 전시해놓고 구경하는 사람이 사든 안 사든 상관없이 즐겁게 맞아주었다. 판매하는 것보다 자신을 소개하는 것에 더 큰 의미를 두는 듯했다.

즐거웠다. 찾아온 사람 모두가 즐기는 시간을 만들고 싶다는 기획자의 바람대로였다. 판매자가 판매자라기보다 마음

맞는 친구 같았다. 작은 물건을 사도 정성을 다해 대해주었으며, 인형 만들기 수업에서도 배운다기보다 하나의 놀이에 참여하는 것 같았다.

개최장소도 딱 어울리는 곳이었다. 요즘 부산의 가장 핫한 문화공간인 F1963 주차장이었다. F1963은 고려제강이 옛 수영공장 자리에 설립한 복합문화공간이다. 공장 뼈대와 외형을 유지하여 2016년 부산비엔날레를 개최하며 문을 열었다. 회색 4층 건물인 주차장은 옥상까지 와이어를 올려 초록 덩굴식물이 타고 올라간 외벽이 특이하고 아름답다. 자연과 역사와 디자인이 함께한 공간이다.

한바탕 잘 놀고 왔다. 옛날 아파트란 것이 없던 시절, 판잣집과 기와집 그리고 기껏해야 2층 양옥집이 있던 시절이었다. 입에 손나팔을 대고 동무 집 대문 앞에서 "00야, 노올자." 큰 소리로 부르면, 기다렸다는 듯 동무가 발을 구르며 뛰어나오곤 했다. 골목에서 쭈그리고 앉아 땅따먹기나 공깃돌놀이를 했다. 해 지는 줄 모르고 신나게 노래 부르며 고무줄놀이를 했다. 오늘 한나절 그때 그 시절로 시간 여행을 다녀온 듯하다.

　예술가들과 그곳을 찾는 사람들이 어우러지는 한바탕 축제의 장이었다. 판매와 구매의 행위가 이루어지는 곳이 아니라 마음과 마음이 이어지는 곳, 그 끝에 꽃이 피는 곳이었다.

봄이다

볼 것 천지라 '봄'이라 이름 붙였을 테다. 삭막한 겨울 눈 둘 데 없다가 돋아나는 고운 새싹과 색색의 꽃이 얼마나 황홀했겠는가. 얼음 풀린 시냇물에 햇살이 아롱대고, 물고기 노니는 모습이 얼마나 반가웠겠는가. 여름 가을 겨울 다 두 글자인데 '봄'만 한 글자인 것은 그만큼 강렬하게 다가오는 계절이기 때문일 것이다. 참 멋진 작명이 아닐 수 없다.

바야흐로 해도 달도 춤추는 봄이다. 떠나보자. 봄 속에서 한 번 뒹굴어보자. 유채꽃 축제가 벌어지는 강변으로 향한다. 차창으로 보이는 풍광이 경탄을 자아낸다. 나무는 예술가다. 봄 햇살로 반짝이는 하늘을 배경 삼아 여린 가지들로 개성 있는 선과 면을 만들어낸다. 감탄하며 가노라니 어느 순간 안개가 밀려온다. 아름다운 봄 세상을 다 보여주기 아까운가 보다. 창밖이 베일 드리운 새색시 같다.

드디어 도착한 강변에는 봄이 지천으로 굴러다녔다. 노란 봄이 널렸다. 봄이 발길에 차였다. 노란 꽃 천지에서 엉덩이 뒤로 빼고 엉거주춤 앉아 사진 몇 장 찍고 나니 할 게 없었다. 전국 방방곡곡 축제들마다 따라다니는 천막 장터가 시끄러웠다. 식상한 노란 봄이다. 놀고 있는 빈터에 꽃 빽빽이 심고 나팔 불고 징 두드리는 천막 섭외하면 축제가 되나 보았다.

조용한 곳을 찾아 강변을 따라 죽 걸어갔다. 유채꽃밭이 끝난 곳에 푸르게 넘실거리는 보리밭이 나왔다. 보리밭과 강 사이 버려진 땅에 온갖 야생화들이 잔치를 벌이고 있었다.

버려진 땅이 아니라 축복받은 땅이었다. 태양을 맘껏 받아들인 조그만 꽃들이 세상에 존재하는 온갖 색깔과 갖은 모양들로 자신을 뽐내었다. 바람과 춤추고 강물과 노래하며 축배의 술잔을 들어 올리고 있었다. 진정한 봄 축제는 따로 열리고 있었다.

벤치에 엉덩이를 들이밀고 슬며시 드러눕는다. 파란 하늘이 눈부시다. 햇살은 따뜻하고 바람은 시원하다. 뭔지 모를 좋은 냄새가 땅에서 올라온다. 키 낮은 벚나무에 꽃이 난분분하다. 겨우내 져 있던 응어리가 봄볕에 헤실헤실 풀리며 한 점 한 점 꽃이 되어 흩날리는 것일 터이다. 내 맘속 응어리도 벚꽃과 함께 점점이 햇살 속에 날아 흩어진다.

꽃이 싫었던 적이 있다. 새싹조차 보기 싫었다. 싱그럽게 움트는 버드나무를 보며 '나는 싹도 피워보지 못하고 가나 보다.' 하고 우울해했던 시간이 꽤나 길었다. 봄에는 소외감이 더욱 커졌다. 세월이 흘러 이제는 봄의 축제에 동참할 수 있어 행복했다.

아, 봄이다. 잘 나왔다. 잘 왔다. 봄에는 떠나고 볼 일이다. 온갖 살아 있는 것들이 웅얼웅얼 고시랑고시랑 말을 걸어오지 않는가.

창이 있는 미술관

이리저리 뻗은 소나무 줄기 사이로 커다랗고 평퍼짐한 봉분이 자리했다. 공원 입구 양쪽에 자리한 거대한 무덤이 여기가 천년고도임을 몸으로 보여준다. 펄럭이는 깃발과 번잡한 행사장을 지나가니 숲이 우거진 언덕이다. 송두리째 몸을 내밀어 손님을 반기는 굽은 소나무 아래로 나무계단을 오른다. 시정의 어수선한 소리들이 일순 모두 사라진다. 다른 시공간으로 순간이동이라도 한 듯하다. 해묵은 왕벚나무 길을 따라가니 나지막한 장방형 건물이 나타난다.

좁고 긴 나무 막대기들을 이어 붙인 벽면이 친근하다. 90도로 꺾여 연결되는 넓은 벽은 나뭇결이 새겨진 길쭉한 황톳빛 블록을 세워 붙여, 나무판자로 지은 듯한 느낌을 준다. 질박한 구조물이 아름다운 풍경 속에 편안하게 녹아 있다. 오랜 세월 무던하게 그 자리를 지켜온 바윗덩이 같기도 하다. 한국이 낳은 세계적인 건축가 승효상의 작품, 경주 솔거미술관이다.

건축가 승효상, 그는 우리나라 현대 건축의 선구자 김수근 문하를 거쳐 현재 건축사무소 이로재를 운영하고 있다. 미술평론가 유홍준의 자택인 수졸당, 노무현 전 대통령 묘역 등을 설계하였으며 국내뿐 아니라 중국 등 아시아 지역과 미국, 유럽 곳곳에 그가 디자인한 구조물이 있다.

어느 날 남루한 달동네를 지나던 그는 가진 게 적은 이들이 많은 부분을 서로 나누며 살고 있는 공간 구조에 감탄한다. 그리고는 '빈자의 미학'이라는 기치를 내걸고 평생의 화두로 삼아 작업 중이다. '빈자의 미학'이란 가난한 사람의 미학이 아니라 가난할 줄 아는 사람의 미학이라고 그는 역설한다. 가난할 줄 안다는 것은 바로 비우고 나눌 줄 안다는 뜻이렷다.

솔거미술관은 한국화의 거장, 소산 박대성 화백이 수백 점의 작품을 기증하여 경주 세계문화엑스포공원 내 아평지 연못가에 지어졌다. 신라 시대의 유명한 화가 솔거의 이름을 따, 2015년 문을 연 공립미술관이다.

솔거가 황룡사 벽에 그린 노송은 몸통이 비늘처럼 터져 주름졌고 가지와 잎이 얼기설기 굽어 새가 날아와 앉으려 했다는 설화가 유명하다. 훗날 색이 바래어 단청으로 덧칠을 했더니, 까마귀와 참새가 다시는 오지 않았다고 한다. 안타깝게도 그의 작품은 세월 따라 모두 훼손되어 사라지고 설화 속에서만 존재한다.

전시실로 들어가자 낙락장송 한 그루와 맞닥뜨린다. 벽면을 뒤덮은 소산 박대성 화백의 대작이다. 밝은 만월 아래 침

엽 한 잎 한 잎이 선명하고 풍성하다. 수묵으로 그린 흑백의 세계에 노란 달이 빛을 뿌린다. 힘차게 뻗은 가지에는 굴하지 않는 화가의 기개가 어려 있다. 달빛 아래 소나무만큼 먹물과 어울리는 소재가 또 있을까.

맞은편 벽도 온통 소나무 숲이다. 커다란 노송들이 전시실 마루에서 천장까지 솟았다. 옛 문인화의 한편에 시구를 적어 넣듯 화백은 소나무 발치에 자신의 이야기를 한글로 풀어 놓았다. 서체가 유려했다. 유년 시절 들은 신라의 솔거 이야기를 평생 가슴 속에 품어 왔다는 그는 이 그림을 그리고서야 그의 꿈을 이루었다고 했다. 살아 숨 쉬는 듯한 소나무를 그리려 평생을 노력해 왔을 그의 집념이 가슴 아리게 느껴졌다. 고개를 들어 다시 한 번 그림을 세세히 살펴보았다. 구불구불한 노송들의 자태에서 기가 뻗어났다. 소산의 염원에 감응한 솔거의 넋이 천 년의 시간을 건너와 그의 손을 움직였을지도 모를 일이다.

소산은 십여 년 전부터 경주 남산에 터를 잡아 그림을 그리고 있다. 전시실 가운데 놓인 긴 나무 의자에 걸터앉아 작품을 감상한다. 마치 남산 기슭 소나무 그늘 아래 쉬고 있는 듯 마음이 고요해진다. 바깥세상을 잊는다.

경사진 회랑을 따라 오르내리고 중정에서 잠시 쉬기도 하며 차례로 전시실을 찾아간다. 웅장한 산수화와 섬세한 화조화를 감상하며 걷다 보니 그림이 있어야 할 자리에 네모난 유리창이 하나 나타난다. 바닥에서부터 사람 키 높이만큼 트여 있다. 창밖에 있는 연못과 하늘, 그리고 나무와 풀을 담담하게 품고 있다. 창은 건축가 승효상이 미술관에 선물한 작품으로, 날씨와 시간과 계절에 따라 변화하는 그림이라는 해설사의 설명에 머리가 절로 끄덕여진다. 고쳐 그리지 않아도 되는, 자연을 그대로 받아 안은 겸손한 그림이다. 인간의 작품이 어찌 자연을 넘어설까. 거기다 시간의 흐름까지 담아내다니, 오늘 마주한 그림들 중 가장 훌륭한 그림일지도 모르겠다. 자욱하게 비 오는 날 이 창 앞에 서고 싶다.

그러고 보면 그림도 창이다. 그림을 통해 화가는 자신의 생각과 느낌을 나타내고, 우리는 화가의 사유와 감성을 미루어 짐작한다. 작품은 그가 자신을 보여주고 우리가 그를 들여다보는 창이다. 솔거미술관에서 승효상의 창과 소산의 창을 보았다. 이들은 모두 지극히 한국적이고 자연친화적이었다. 정답고 편안했다.

나무데크로 이루어진 테라스로 나온다. 두 부분으로 나누어진 건축물을 이어주는 트인 공간이다. 한쪽은 사무실과 상설 전시실이 있는 큰 구조물이고 다른 쪽은 기획전시실이 있는 작은 공간이다. 테라스는 우리 전통주택에서 바깥채와 안채를 연결해 주는 마당 역할을 한다. 여기에 서면 아래편 연못과 문화엑스포 전경이 한눈에 들어온다. 황룡사 9층탑을 음각으로 새긴 경주타워가 파란 하늘과 잘 어울린다. 그 뒤편으로 경주타워에서 빠져나간 듯, 황룡사 9층탑 모양의 건물이 서 있다. 마치 서로를 끌어당기는 모양새로 서 있는 모습이 일품이다.

승효상의 창이 품었던 아평지 연못으로 향한다. 신라 때

군마에게 물을 먹이던 곳으로 추정되는 아평지는 오랜 세월이 지나면서 운치 있고 아늑한 못이 되었다. 연꽃이 곱게 피어 있고 못을 둘러싼 나무들이 나지막하게 물 위로 가지를 뻗고 있다.

바람이 분다. 못 앞의 기다란 풀잎들이 다 같이 눕는다. 바람을 따라 굽이치는 푸른 곡선의 흐름이 소산의 그림 속 굽은 소나무 가지를 어루만지던 바람과 같다. 천년고도의 산기슭을 감아 흐르는 구름의 결도 곡선이다.

내 가슴에 바람 흐르는 창이 하나 열린다.

뮤지엄 산

 꿇어앉아 흐트러짐 없는 기모노 입은 여인의 자태 같았다. 자연인 체하는 인공, 인공적인 자연이었다. 자연의 선을 흉내 내는 정교한 일본의 꽃꽂이 같다는 생각이 들었다. 지극히 세련된 명품이지만 지나치게 자르고 다듬어 한 치의 오차도 허용 않는 갑갑함이 느껴졌다. 화분으로 치면 절제와 통제로 만들어진 분재랄까. 자연을 파괴하여 만든 자연은 아닐지.
 자연과 교감하며 자연을 해치지 않는 건축을 한다는 안도 다다오의 작품을 대한 내 마음이 뭔가 복잡했다. 자연을 가장한 인공이 느껴져 불편했다.

난 자연스러운 자연이 좋다. 다양성을 관대하게 수용하는 자연이 좋다. 꽃꽂이작품보다 화분이 좋고 화분보다 자연 속의 꽃과 나무가 좋다. 자연을 그대로 수용한 속에 다다오의 건물이 하나쯤 있었으면 좋았을 것을. 그것만으로도 충분히 다다오의 천재성을 느낄 수 있을 텐데. 세련되게 아름다운 워터가든과 스톤가든이 더욱 그런 느낌이었다.

하기야 워터가든 앞 카페 테라스에 앉아서 얼그레이를 한 잔 마실 때 정말 좋았던 것을 생각하면…. 저 앞으로 병풍처럼 두른 불타는 단풍과 거울 같은 워터가든에 그대로 잠긴 단풍. 나도 그 속에 함께 잠긴 듯했다. 부정하지 말자. 멋진 건축물 맞다. 스톤가든도 조각 작품들을 전시하기에 딱 떨어지는 공간임에 틀림없다. 쓱 보면 한눈에 다 보이게 한 것이 아니라 돌무덤들 사이사이에 비슷한 높이의 작품들이 배치되어, 노선을 따라다니면서 작품을 하나씩 1대 1로 경이롭게 만나게 된다.

그러고 보면 작품들을 위한 최고의 미술관을 만든 셈인가. 명품 작품들을 최대한 돋보이게 만든 미술관이 맞는 것 같다. 플라워가든에도 바람에 따라 움직이는 조각품이 딱 어울리고, 본관 입구 빨간 아치형 작품도 딱 그 자리에 갈 수밖에 없다.

에휴, 맘에 안 든다고 시작한 글이 거꾸로 안도 다다오를 인정하게 만드는구나. 너무 멋져서 짜증이 났나 보다. 깊은 산속에 이런 명품 미술관 하나쯤 있어도 좋지 않겠는가.

가덕도

 가덕도에 가는 날이다. 부산 사람이면서 아직 한 번도 가보지 않은 곳이다. 검색을 해보니, 부산광역시 강서구 녹산동에 위치한 섬으로, 부산의 서쪽 끝에 있는 부산에서 가장 큰 섬이었다. 일제 강점기하 가덕도의 건축물을 둘러보는 것이 오늘의 투어 주제였다.
 눌차대교를 건너 가덕도에서 처음 찾은 곳은 천가초등학교였다. 학교를 들어가자 입구에 커다란 은행나무가 있었고 그

뒤쪽으로 나지막하게 비석이 하나 앉아있었다. 평범한 무덤 비석만 한 크기에 풍우에 시달린 모습이 볼품이라고는 없었다. 앞에 해설판이 없었다면 대원군 척화비라고는 몰라볼 뻔했다. 세워졌던 당시의 대원군의 각오와 위세가 머리 속에서 교차되며, 지금은 초등학교 한구석에 하릴없이 주저앉아 있는 풍경에 세월의 흐름을 실감한다. 오랜 세월 그 자리를 지켜온 아름드리 은행나무가 척화비를 잘 지켜 주리라.

이어 꼬불꼬불 좁은 산길로 멀리 거제대교도 보며 가덕도 남쪽 외양포 마을에 도착했다. 국방부 소유의 작은 포구로 일제에 의해 러일전쟁에 대비하여 한반도 최초로 포대가 구축되었던 군사기지였다. 일본식으로 지어진 관사와 우물 등이 포대 진지와 함께 원래 모습대로 보존이 되어 있었다. 국가가 힘이 없으면 이렇게 남의 나라가 쳐들어와 평화롭게 살고 있는 양민을 유린하고 자기네 진지를 구축한다. 좀 더 많은 이들이 와서 이 마을을 보아야 할 것 같다. 평화에 안주하여 물질문화를 누리는 것에 익숙해진 우리가 무언가 느끼고 배울 수 있지 않을까.

  다시 좁은 산길을 달려 가덕도 남단을 향하였다. 주민등록증을 제출하고 헌병의 엄격한 검문을 거쳤다. 현재 이곳은 군사 요충지로 우리 군인들이 지키고 있어 아무나 들어갈 수는 없다고 했다. 가덕도가 이렇게 중요한 곳인 줄 오늘에야 알았다. 정말 내가 모르는 것들이 너무 많다. 어쩌면 정말 중요한 것들은 모르고 살고 있는지도 모르겠다. 도착한 곳에는 양옆으로 꽤 커다란 건물이 있고 그 중간에 하얀 등대가 모습을 드러내었다. 붉은 벽돌로 쌓아 하얀 칠을 한 등대는 고딕식 등탑 형식으로 아름다웠으며, 원래의 모습을 잘 보존하고 있어 가치가 있다고 한다. 오른쪽 하얀 건물은 당시 군인 숙소로 전형적 일본식 욕조까지 갖추어져 있었다. 왼쪽 건물은 후에 지은 것으로 일반인도 예약하면 숙박할 수 있다고 했다.

  이렇게 부끄러운 흔적을 더듬어 보고 돌아오는 길에 가덕도의 노오란 유채꽃이 팔을 흔들어 주었다. 우리 세대는 어떤 흔적을 후손에게 남겨 주게 될는지 생각해보게 되는 하루였다.

부산의 근대건축물

근대건조물의 특징은 중심성 중시와 균형성이에요, 라며 박사님이 조근조근 친절하게 설명해 주신다. 처음 방문한 동아대 석당기념관은 설명대로 현관이 정중앙에 돌출되어 강조되어 있고 건물 중앙에 세로선을 그어보면 좌우 똑같은 대칭형이다. 현관 기둥은 고대 도리아식, 건물 전체는 근대 오피스식이란 박사님의 말씀에 다시 한 번 살펴보니 고개가 절로 끄덕여진다. 아는 만큼 보인다더니….

부경고등학교 본관 역시 중심성 중시와 좌우 대칭성을 그대로 보여주었다. 붉은 수제 벽돌에 석조 장식이 붙어 있어 아름다웠다. 석조 장식물에 네모난 구멍이 뚫려 있어 박사님께 물었다. 벽돌이 숨을 쉬지 못하면 크랙이 가기 때문에 그렇게 구멍을 낸 것이란다. 그 구멍 위에 마루판이 올라가 이를 기준으로 층이 달라진다고 한다. 벽돌도 숨구멍을 틔워주어야 하는구나. 벽돌도 살아 있나 보다. 우툴두툴한 벽돌 표면을 한 번 쓰다듬어 본다. 이 건물이 지금 이 모습으로 오래오래 숨을 쉬며 살 수 있기를 빌어본다.

로마네스크식 성공회성당을 방문하였다. 당시의 붉은 벽돌과 내부 천장의 석조 부챗살이 인상적이었다. 무게를 고르게 분산시켜 석조 천장이 무너지지 않게 받쳐준다고 했다. 소박해서 아름다운 건물이었다.

김해에 있는 농장형 일식 주택의 전형인 양덕운 씨 가옥에서는 소나무가 멋진 일본식 정원과 다다미, 그리고 2층 지붕을 볼 수 있었다. 2층 지붕은 밖에서 보기에는 2층집으로 보이게 했으나 실제 2층이 존재하는 건 아니어서 왜 저렇게 지붕을 높게 만들었는지 궁금하게 만들었다.

　마지막으로 들른 낙동강칠백리 식당에서는 일식 가옥의 특징인 엔가와, 도꼬노마, 란마 등을 볼 수 있었다. 특히 일본인들의 정신적 공간이라는 도꼬노마에 관심이 갔다. 도꼬노마의 한쪽 기둥을 자연적 미를 드러내는 휘어진 나무 기둥으로 꾸미며, 그 나무 기둥의 수준에 따라 그 집의 품격이 좌우된다고 하였다. 그들 나름의 멋인가 보았다. 옆 나라를 배려하며 사이좋게 지내는 그런 멋까지 있었으면 더욱 좋았을 것을.

　전에는 근대건조물의 중요성과 가치는커녕 이런 건물들이 있는지도 몰랐다. 이제부터는 좀 더 관심을 가져야겠다. 신문에서 근대건조물에 대한 기사를 보게 되면 반갑게 읽어보게 될 것 같다.

비 온 후

건축시민투어가 있는 아침, 오던 비가 그칠 듯 말 듯 하여 작은 우산을 하나 넣어갔다. 그러나 시청에 도착하니 비는 그치고, 비가 온 후라 더욱 맑은 공기 속 더욱 선명한 단풍을 시청 뒤뜰에서 잠시 즐겼다. 시청 뒤에 이렇게 아름다운 나무와 정원이 조성돼 있는 줄 처음 알았다. 여기서부터 내 부산건축투어는 이미 시작된 셈이다.

오늘 투어의 주제는 '부산다운건축상' 수상작 탐방이었다.

먼저 국립해양박물관부터 갔다. 오륙도를 배경으로 부산 앞바다의 물결이 느껴지는 유선형 외관부터 범상치 않았다. 창의적 설계와 장인정신으로 공사를 마무리한 아름다운 건물이었다. 내부에 들어가 보니 커다란 거북선 모형에서부터 최첨단 기술력과 엄청난 자금이 집약된 아쿠아리움까지, 우리나라 해양의 역사와 현재를 잘 보여주고 있었다. 컬러풀하고 체험 가능한 내부 구조가 구태의연한 박물관이라는 이미지는 하나도 느껴지지 않았다. 모든 것이 흥미로운 놀이공원 같기도 했다. 대한민국 최고의 해양도시인 부산에 딱 알맞은 최고의 공간이었다. 전 세계인을 다 초청해서 보여주고 싶었다.

다음은 보수동 주민센터. 효율성을 위주로 한 단순한 행정 건물이 아니라 주민의 복지를 위한 문화공간이었다. 꽃과 나무가 배치된 오솔길이 건물 외부 1층에서 옥상까지 구불구불 이어져 있었는데, 이 오솔길이 동시에 센터 앞길과 센터 윗길을 연결해 주고 있는 특이한 구조를 갖고 있었다. 단점일 수도 있는 경사진 대지를 오히려 장점으로 활용한 창의적 설계였다. 쓱 봐서 멋지고 화려한 공간이라기보다 함께 살아가면서 자꾸 가고 싶고 정이 갈 것 같은 공간이었다. 편안함과 부드러움이 느껴지는 공간으로, 앞으로의 공공건물이 나아가야 할 방향을 보여주는 것 같았다.

점심 식사 후 기장 부산은행연수원을 갔다. 넓은 산기슭에 자연과 하나 되는 꽤나 큼직한 건축이었다. 환하게 트인 편의 공간, 자연 친화적인 널찍한 테라스, 다양하고 밝은 색상의 내부 집기들. 능력 개발의 공간일 뿐 아니라 정서적 쉼의 장소로서도 기능할 수 있어 보였다. 부산 시내 다른 단체에게도 실비로 대여한다니 부산의 발전에도 기여하는 좋은 공간인 셈이다.

다음에 방문한 B-Cube는 조금 떨어져서 봤을 때는 이름 그대로 그냥 네모난 회색 육면체였다. 그러나 가까이 가서 외면을 보고, 안에 들어가 내부 하나하나를 대면해 가면서 그 섬세함에 감동하였다. 부드러운 빛 처리, 평범한 돌벽에 은은하게 처리한 요철, 튀지 않으면서도 범상하지 않은 작은 장식물 등 모두 방문한 사람을 따스하고 편안하게 해 주었다. 향기로운 커피하우스와 화랑이라는 문화공간에 딱 맞는 건물이었다.

  마지막으로 수안동 비온후주택으로 이동하였다. 이름부터 상큼한 이 건물은 30평 남짓한 땅 위에 실비로 지은 박공 형태의 소형 목조주택으로, 획일화된 네모난 아파트에서 벗어나고 싶은 사람들에게 좋은 대안인 듯 보였다. 좁은 공간을 잘 활용하여 1층은 작업공간으로 2층은 주인 가족이 3층은 노부모님이 거주하고 있었다. 무심하게 놓여 있던 토종 부산 작가 김경화의 길고양이 작품과 홍상식의 빨대 작품 등을 감상할 수 있었던 것은 큰 덤이었다.

  비 온 후 아침에 출발해서 비온후주택에서 마감한 시민건축투어. 색색의 단풍잎처럼 다양한 각각의 색깔을 개성껏 드러내는 건물들을 둘러보고 나니 부산에도 이런 멋진 공간들이 존재하고 있었구나 싶다. 전문가들의 해설까지 곁들여 행복한 공간에서 행복한 시간을 가질 수 있었다. 무엇보다 내가 살고 있는 더 큰 공간인 부산에 대한 자부심을 찾아 챙긴 하루였던 것 같다.

이바구길

　연초록 나무들이 빛나는 부산역 광장에서 시작한 투어는 부산역에 내려서 바로 내다보이는 이 광장에 문의 형상을 한 분수를 만들고, 또 바로 마주 보이는 건물의 간판 사이에 파도 모양의 조각을 넣어 부산에 오는 손님들을 반기고 있는 숨은 의미를 찾아내는 것으로부터 시작했다. 왠지 시작부터 평소에 바로 눈앞에 있지만 보지 못하고 놓치고 있던 중요한 것들을 찾을 수 있을 것만 같은 좋은 느낌이었다.

부산역에서 길을 건너 맞은편 도로로 약 100미터 걸어 들어갔을까? 해설을 맡은 교수님이 멈추더니 "이 맨홀뚜껑까지는 원래 바다였습니다. 부산역도 모두 바다였지요." 한다. 기분이 묘했다. 내가 서 있는 여기에 원래는 파도가 넘실거리고 어선이 들락거리고 했었구나. 저기 모텔 자리에는 초가집이 있었겠지. 저 부산역도 온통 바다였구나. 일본이 그들의 전초기지로 삼기 위해 19세기 말 부산 앞바다를 매립했다고 한다.

이어서 부산의 첫 개인 종합병원이었던 백제병원을 방문하였다. 붉은 벽돌 건물인 백제병원의 한쪽 벽면은 불에 그을린 자국이 보이고, 뭔가 으스스하기도 했다. 한국인, 중국인, 일본인 등 여러 국적의 주인들이 바뀌며 그 나이만큼 많은 신산을 겪었다고 했다. 문화재로 지정하여 보호할 만한 건물이었다.

백제병원 뒤쪽은 부산 최초의 근대식 물류창고였던 남선창고 자리였다. 탑마트가 남선창고를 인수하여 한 벽면만 남기고 부수어, 지금은 탑마트의 주차장으로 이용되고 있었다. 파리의 오래된 기차역을 개조해서 만든 오르세 미술관처럼 근대의 기억을 간직한 장소를 보존한 미술관이나 박물관을 가질 수 있었던 기회를 불과 몇 년 전에 잃었다는 사실에 아쉬운 마음이 들었다. 한편으로는 옛 물류의 중심인 남선창고의 자리를 현 물류의 중심인 마트가 차지했다는 설명이 흥미롭기도 했다. 남아 있는 벽면은 벽돌체 사이사이에 세로로 목재가 들어있는 특이한 구조로 되어 있었다. 다가가서 벽면을 어루만져 보았다. 이렇게 한 벽면만이 아니라 전체 모습이 그대로 남아 있었으면 얼마나 좋았을까. 남은 한 벽면이라도 잘 보존이 되어야 할 텐데….

  산복도로에 관한 시와 사진이 전시된 초량 이바구길을 거쳐 김민부 전망대에 도착했다. 부산의 나폴리인 듯 주황빛 휴게소와 노란 파라솔은 햇살에 빛났고, 시원하게 툭 트인 부산항 전망이 일품이었다. 항구도시의 안타까운 기다림의 마음을 담고 있는 전망대라 하여 가곡 '기다리는 마음'을 작사

한 부산 동구의 시인 김민부의 이름을 붙였다 한다. '기다리는 마음'을 들으며 난간에 기대어 아래를 내려다본다. 일제시대 징용당했던 이들이 가족들을 두고 관부연락선에서 떠나는 모습, 징병당했던 우리 젊은이들이 경부선 철로에서 해야 했던 이별, 6·25 때 가족을 잃은 피난민들의 애타는 기다림 등 많은 안타까움이 빛나는 햇살 아래 아지랑이처럼 피어오르는 듯했다.

  다음은 파란 하늘을 배경으로 하얗게 단장한 이바구공작소를 방문하였다. 눈 아래로 바다가 아닌 산복도로가 한눈에 펼쳐졌다. 산기슭에 사이좋게 엎드려 햇빛을 쬐고 있는 지붕들이 잘 어우러진 광경이 보기 좋았다. 산복도로는 노면 이상의 높이로 집을 지을 수 없도록 규제가 돼 있다고 했다. 그래서 지금의 아름다운 수평적 산복도로의 모습이 가능하단다. 그 규제가 없는 산복도로의 모습은 들쭉날쭉 얼마나 끔찍할까. 생각만 해도 소름이 끼쳤다. 공작소 건물은 좁고 경사진 공간을 잘 활용하여 리듬감 있는 건물로 지어져 있었다. 산복도로 생활 자료관으로 현재 전시된 자료 외에 새로운 이야기가 끊임없이 수집되고 재생산되는 공간이 될 것이라 했다.

'한국의 슈바이처'로 불렸던 장기려 박사를 기념하는 더나눔센터, 유치환 우체통 등을 방문하며 더 많은 사연과 이야기들을 들었다.

예감이 맞았다. 눈앞에 놓여 있으나 놓치고 있던 많은 보물을 찾을 것 같던 내 예감. 산복도로에 숨어 있는 사연과 이야기들이 보물이었고, 그 보물들이 내 가슴 가득 담기었다. 어쩌면 거센 역사의 비바람을 모두 버티어 내고 이렇게 세계 속에 우뚝 서 있는 내 고향 부산이 바로 내가 놓치고 있었던 보물인지도 모르겠다.

이행희 수필집

꽃파라치

인쇄 2024년 9월 23일
발행 2024년 9월 30일

지은이 이행희
발행인 서정환
펴낸곳 수필과비평사
주소 서울시 종로구 삼일대로 32길 36(익선동 30-6 운현신화타워 빌딩) 305호
전화 (02) 3675-3885 (063) 275-4000 · 0484
팩스 (063) 274-3131
이메일 essay321@hanmail.net
출판등록 제300-2013-133호
인쇄·제본 신아출판사

저작권자 ⓒ 2024, 이행희
이 책의 저작권은 저자에게 있습니다. 서면에 의한 저자의 허락없이 내용의 일부를 인용하거나 발췌하는 것을 금합니다.
COPYRIGHT ⓒ 2024, by Lee Haenghui
All right reserved including the rights of reproduction in whole or in part in any form.
잘못된 책은 바꿔 드립니다.

ISBN 979-11-5933-542-6 03810
값 13,000원

Printed in KOREA

본 사업은 2024년 부산광역시, 부산문화재단 〈부산문화예술사업〉으로 지원을 받았습니다.